CATALOGUE

DES

TABLEAUX,

Miniatures, Aquarelles, Lavis, et Dessins,

COMPOSANT

Le Cabinet de M. Binant.

A PARIS,

AU SALON D'EXPOSITION,

RUE DE CLÉRY, N°. 7.

1828.

DE L'IMPRIMERIE DE A. CONIAM,

RUE DU FAUBOURG MONTMARTRE, N° 4.

AVIS.

En me livrant au commerce de tous les objets relatifs
à la papeterie et à la peinture en général, j'avais conçu
le projet d'ajouter à mes magasins et d'offrir à mes
habitués une galerie de tableaux choisis de l'École
moderne, et d'y joindre une collection de dessins,
aquarelles, lavis et gravures bons à être présentés
comme modèles aux élèves et amateurs qui ont em-
brassé cet art, soit pour le professer, soit pour en
faire leur agrément. A force de soins et de recher-
ches, je suis parvenu à réaliser cette idée, et le nombre
d'ouvrages qui composent mon cabinet s'accroissant chaque jour davantage, il m'a fallu les classer et en former
un catalogue qui d'ailleurs m'était instamment demandé
par toutes les personnes qui veulent bien visiter ma
maison.

Si quelques magasins dans le genre du mien ont
offert au public le même attrait à sa curiosité, ils
n'ont pas réuni comme moi une précieuse collection de
miniatures. Seul possesseur des ouvrages de M. Man-
sion, auxquels j'ai joint quelques portraits des maîtres
les plus réputés, je ne craignais point de concurrence
pour la location de ces modèles gracieux, objets des
désirs de beaucoup d'artistes, et d'amateurs qui se livrent à ce genre.

Je profite donc de la publication de mon Catalogue

pour établir ici les conditions principales de la location, et rappeler au public l'importance et l'utilité de mon établissement.

Papeterie générale pour fourniture des bureaux, colléges, ateliers d'architecture, de peinture et de dessin.

Articles généraux pour le dessin, la peinture à l'huile, à l'aquarelle, à la miniature, à la gouache, sur porcelaine, sur velours, etc.

Boîtes à pieds et à main pour la ville et la campagne, chevalets, croix, porte-bosses, porte-originaux, cannes à siége, stirators, porte-feuilles, appui-mains, Toiles à peindre, fines et ordinaires, et taffetas pour fixés, papier et cartons d'études; panneaux, tôles; brosses, pinceaux, etc., etc.

Bordures en bois doré, cadres en bois divers ou en bronze, avec cercles dorés pour recevoir tableaux, miniatures, fixés layis, dessins ou gravures, dont le montage est opéré avec un soin minutieux.

Atelier pour l'exécution de tableaux d'églises, et la restauration des tableaux anciens et modernes.

Grand choix de gravures offertes pour modèles aux élèves des pensionnats, et louées ainsi que les tableaux et dessins aux prix mentionnés en l'article location qui va suivre.

Ces gravures présentent la réunion des meilleures compositions des artistes anciens et modernes, tirées soit des galeries publiques, soit des cabinets particuliers, ou de la Société des amis des arts. Rien n'a été épargné pour varier cette intéressante collection, dans laquelle MM. les Professeurs et Chefs d'Institution

pourront puiser des sujets de tous genres pour les con-
cours de leurs élèves.

LOCATION.

Le prix de la location est :

Les Tableaux.	de 4 f. par quinzaine ou 6 f. par mois.	
Les Miniatures.	} de 12 par mois.	
Les Têtes à l'Aquarelle. .		
Les Ébauches de Miniatures et d'Aquarelles.	de 6	*idem*.
Les Fixés.	} de 3	*idem*.
Les Dessins.		
Les Gouaches.		
Les Aquarelles.	} de 3	*idem* ou 2 f. par quinzaine.
Les Lavis.		
Les Gravures.	de 2 par chaque mois.	

Il est bien entendu que les prix et le temps sont fixés
par chaque modèle ; et qu'on ne peut, pour ce même
prix, prendre durant le même temps autant de modèles
qu'on en pourrait copier, soit en travaillant sans relâche
soit en n'en prenant que le trait ou l'ébauche.

Le premier mois de location se paie ordinairement
d'avance.

Les tableaux se livrent sans bordures pour l'étude,
et avec leurs cadres lorsqu'ils ne sont loués que pour
décorer momentanément un salon. Les lavis, dessins et
gravures se livrent dans des porte-originaux garnis de
leurs glaces, et nous prions instamment les abonnés de
vouloir bien ne pas les en tirer pour éviter les accidens.

Un modèle endommagé, ou qui ne serait pas verni,
ne peut être restauré ou verni que par l'établissement
auquel il appartient.

On peut retenir un tableau d'avance sans être tenu de le prendre lorsqu'il rentre, seulement il est nécessaire qu'on réponde en vingt-quatre heures à notre avis de sa rentrée, si l'on est toujours dans l'intention de le copier.

Un modèle peut passer d'un locataire à un autre sans rentrer dans la galerie, pourvu que l'établissement en soit prévenu, et puisse en faire mention sur son registre. Alors le précédent locataire deviendra le répondant solidaire du nouveau, si celui-ci n'est point connu de la maison.

Chaque modèle est porté au domicile de la personne qui l'a loué si elle l'exige; mais il est d'usage que les locataires soient chargés du renvoi.

Toute location court du jour de l'inscription du modèle sur le livre de sortie.

Une personne inconnue, ou qui habite la capitale instantanément, peut nous présenter comme garant et répondant de la chose louée une autre personne établie à Paris, et capable de servir de caution. Dans le cas où cette formalité ne pourrait être remplie, le dépôt en espèces de la valeur du modèle sera exigible.

Ce dépôt ne peut dans aucun cas servir d'à-compte au montant des locations; il est même susceptible d'être augmenté, si l'un des modèles choisis par la suite avait une valeur au-dessus de la somme précédemment déposée.

Le prix des caisses pour la province, le port de l'envoi et du retour sont à la charge du locataire, ainsi que tous les dommages et avaries qui pourraient résulter d'un mauvais emballage de leur part, ou du peu de soin des conducteurs et messagers, sauf leur recours contre ces derniers.

Le siége de la garantie des locations à l'étranger doit être en France, c'est le titulaire seul de cette garantie que l'établissement reconnaîtra, à qui elle expédiera et de qui elle recevra les sommes qui pourront lui être dues pour location, articles divers, ports, emballages, avaries, etc. Ce répondant ne peut être qu'un banquier, négociant ou armateur bien réputé, et qui se constituera par écrit caution solidaire de toutes les opérations de la maison avec le locataire à l'étranger.

ABRÉVIATIONS.

Tab.	Tableau.
Min.	Miniature.
Aq.	Aquarelle.
Sep.	Sepia.
E. de Ch.	Encre de Chine.
Goua.	Gouache.
Dess.	Dessin.
Fig.	Figures.
Arch.	Architecture.
Pay.	Paysage.
Mar.	Marine.
T.	Toile.
B.	Bois.
C.	Cuivre.
F. C.	Fixé carré.
F. O.	Fixé ovale.
F. R.	Fixé rond.
Diam.	Diamètre.

Nota. Dans les dimensions, la hauteur précède toujours la largeur; l'une est séparée de l'autre par deux tirets. Un seul tiret sépare les pouces des lignes, et toutes les mesures sont calculées par pouces et par lignes.

Description.

A.

M. ADAM.

1. *L'Etable.*

Intérieur d'une étable ou deux vaches reposent, un petit berger assis sur un baquet renversé, cause avec une servante de ferme appuyée sur un tonneau. Différens attributs villageois placés çà et là ajoutent à la vérité du sujet.

Tab. — Fig. et Arch. — T. — 12 = 15.

2. *Le Lancier.*

Un brigand espagnol caché dans une gorge de montagnes y guette un lancier français passant devant une croix rustique. Celui-ci s'en aperçoit et se tient sur ses gardes.

Sep. — Fig et Pay. — 7 — 6 = 9 — 6.

M. ALAUX.

3. *Les Forbans.*

Expédition de forbans dans un archipel hérissé de roches informes. Ils y transportent leurs esclaves, à l'aide d'une barque. L'un d'eux se tient sur la défensive en braquant une espingole sur les mutins.

Aq. — Pay et Mar. — 6 — 6 = 8 — 9.

4. *L'Horoscope.*

Une diseuse de bonne aventure tire l'horoscope d'une jeune fille , d'après les lignes tracées dans sa main et sur son visage.

Sep. — *Fig.* — 6—6 = 5 — 6.

5. *Le Vésuve.*

Sur un chemin pratiqué dans des rochers à pic couverts de végétation et ornés d'une croix de bois, deux jeunes napolitaines marchent et conversent ; à travers les asperités des rocs, on distingue la baie de Naples et le Vésuve vomissant une épaisse fumée.

Sep. — *Pay.* — 6 = 7 — 9.

M. ARROWSMITH.

6. *La Sacristie.*

Intérieur de la sacristie d'une église catholique. Le curé répond à une jeune dame qui lui demande quelques conseils, tandis qu'au fond le bedeau s'occupe du rangement et du nétoyage.

Tab. — *Arch.* — *T.* — 15 = 12.

7. *Le Cellier.*

Intérieur d'un cellier donnant sur la campagne et auquel on descend par un escalier dégradé et en pierre. Une villageoise assise près d'une hotte , y donne à manger à un lapin gris. (Figures de M. L. Cogniet.)

Tab. — *Arch. et Fig.* — *T.* — 14 = 17.

8. *Le Baptême.*

Intérieur d'église , pris de l'escalier de la chaire , d'où l'on aperçoit la chapelle des fonts baptismaux. Un prêtre y est attendu et s'y dirige.

Tab. — Arch. et Fig. — T. — 13 — 6 = 10 — 6.

—.𝕭.—

M. BAGKUYSEN (Vaude-Saude).

9. *La Végétation.*

Paysage couvert d'une riche végétation et où sont pratiqués à travers les prés et les bouquets d'arbres, deux chemins différens. Sur l'un un pâtre garde deux vaches et un mouton. Un chariot qui s'éloigne parcourt l'autre.

Tab. — Pay. — T. — 13 — 6 = 17.

10. *La Mare.*

Deux chasseurs se reposent sur un monticule au bord d'une mare et à l'entrée d'une forêt. Un pâtre y dirige son troupeau. Une plaine s'étend à gauche.

Tab. — Pay. — T. — 19 — 6 = 19.

M. BARBIER.

11. *L'Ouvrier.*

Intérieur d'une masure où un ouvrier tenant une pelle de bois, entasse des moëlons.

Aq. — Arch. — 5 — 9 = 4.

12. *Ruines d'Eglise.*

A l'entrée d'une abbaye en ruines dont le chœur est à découvert et dont il ne reste plus que des fragmens d'ogives et

d'autel, un vieillard et sa femme se sont arrêtés pour s'y reposer de leur promenade.

Aq. — Arch. — 5 — 9 = 4 — 4.

M. BEAULIER.

13. *Roses et Tulipes.*

Un bouquet formé de roses à cent feuilles et de tulipes.

Aq. — Ovale. — 7 — 6 = 6.

14. *Rose à Cent Feuilles.*

Un bouquet de roses, tulipes et reine-marguerites.

Aq. — 11. — 9 = 8.

M. BELLANGÉ.

15. *Le Vieux Berger.*

Il répond aux questions d'un cavalier décoré, accompagné
d'une dame en amazone. Plus loin un domestique retient les
chevaux. A droite des pâtres et des bestiaux répandus sur
une pelouse. Une rivière serpente au milieu du site terminé à
l'horizon par une montagne.

Aq. — Fig. et Pay. — 7 = 9. — 3.

M. BERTIN.

16. *Le Serpent.*

Intérieur d'une forêt claire où des nymphes s'enfuient ef-
frayés à l'aspect d'un serpent qu'un berger, resté à l'entrée,
menace de sa houlette.

Tab. — Pay. — T. — 14 = 17.

M. BONINGTON.

17. *Boulogne.*

Vue du port de Boulogne-sur-Mer et d'une partie de la ville.

Aq. — Mar. — 10 — 9 = 8.

M. BOSIO.

18. *La Bonne Aventure.*

Assis sur un pont et près du parapet, une jeune fille tire les cartes devant un hussard qui sourit à l'horoscope. Près d'eux est un jeune garçon qui les écoute attentivement.

Sep. — Fig. — 6 — 6 = 5 — 6.

19. *La Vielleuse.*

Elle sort de son village accompagnée d'un jeune enfant et se dirige vers la ville soutenue par l'espérance.

Sep. — Fig. — 7 = 5 — 9.

M. BOUHOT.

20. *Ville-d'Avray.*

Vue de la fontaine de Ville-d'Avray près Paris.

Tab. — Pay. — T. — 8 = 10.

21. *La Belle Vue.*

Ruine française sur une hauteur ou quelques personnes se sont arrêtées pour jouir de l'étendue du pays qu'on y découvre; l'une d'elle s'aide d'une longue-vue , tandis qu'à l'écart, assise sur une chaise, une jeune dame se repose de la fatigue de la montée.

Tab. — Arch. et Pay. — T. — 10 = 8.

22. *L'Arche.*

Echappé de paysage vu du dessous de l'arche d'un pont de pierre. Une fille de ferme, précédée d'un chien, vient y puiser de l'eau.

Tab. — Pay. — T. 9 = 12.

23. *Le Réverbère.*

Dessous de porte dont la voûte se prolonge et aboutit à une cour principale. Un réverbère y est suspendu devant un escalier placé à gauche. Un jeune garçon y passe avec un panier sous le bras.

Sep. — Arch. — 7 — 3 = 5 — 9.

24. *La Cour d'Auberge.*

Intérieur de la cour d'une auberge; un roulier y fait boire un cheval près du tuyau d'une pompe. Plus loin une charrette couverte attend son timonnier. Cette cour dont l'entrée s'annonce d'un côté par une arcade, aboutit de l'autre sur une rue.

Sep. — Arch. — 4 — 6 = 6.

M. BOYENVAL.

25. *Vue de Normandie.*

Vue prise de la cour d'une ferme près de Septeuil en Normandie. La porte charretière est ouverte et la fermière est prête à partir pour la ville avec des provisions dont son cheval est chargé. Plus loin une vache s'abreuve auprès d'un puits.

Sur le troisième plan, un maçon travaille à réparer un vieux mur au-dessus duquel on aperçoit un échappé de paysage coupé par une rivière.

Tab. — Pay. — T. — 15 — 6 = 19.

M. BRUNE.

26. *Le Torrent.*

Un torrent coule au milieu d'un site montagneux et boisé. Il roule ses eaux écumeuses entre des rochers flanqués d'arbrisseaux. On distingue sur divers points quelques constructions italiennes et plusieurs figures de voyageurs.

Tab. — Pay. — T. — 12 = 15.

27. *L'Ermitage.*

Site pittoresque pris en Dauphiné. Une rivière serpente et vient baigner les premiers plans entre deux monticules, dont l'un boisé et rocailleux, et l'autre supportant un ermitage vers lequel s'acheminent des enfans.

Tab. — Pay. — T. — 12 = 15.

28. *Site de l'Auvergne.*

Vue prise au milieu des montagnes de l'Auvergne, entre lesquelles se précipite un torrent dont les eaux retombent en cascade dans un ravin bordé de roches et de plantes. On distingue un pont dans l'éloignement et diverses figures de villageois qui parcourent le pays.

Tab. — Pay. — T. — 13 = 17.

29. *Chemin des Roches.*

Un ciel couvert d'épais nuages répand un triste jour sur un

-site sauvage orné de deux masures bâties sur un monticule. A droite un chemin pratiqué dans des rochers et parcouru par un couple villageois conducteurs de chèvres, aboutit sur une rivière dont le cours est contrarié par des pierres qui obstruent son lit. Les rayons d'une pluie abondante rendent le lointain imperceptible.

Tab. — Pay. — T. — 13 = 17.

30. *Site Pittoresque.*

Au milieu des montagnes et des roches boisées serpente une rivière dont les eaux forment cascade et tombent avec rapidité sur le premier plan. On distingue çà et là quelques cabanes en bois et diverses figures de paysans.

Tab. — Pay. — T. — 12 = 15.

31. *Chemin sablonneux.*

Sur le bord d'un chemin sablonneux, conduisant à une mare d'eau pluviale au milieu de montagnes boisées, s'élève une habitation rustique flanquée d'une tourelle.

Aq. — Pay. — 9 = 12 — 6.

32. *Le Roc aux chèvres.*

Site pittoresque et boisé d'où s'échappe une chute d'eau naturelle. Sur le haut d'un roc fort élevé, s'arrête une chèvre à la vue de ses deux gardiens.

Aq. — Pay. — 6 = 8.

33. *Promenade sur l'eau.*

Sur un bras de rivière qui traverse un site âpre et désert, vogue un bateau chargé de quatre personnes qui s'approchent du rivage.

Aq. — Pay. — 6 — 9 = 8.

34. *Le Chemin creux.*

Il est pratiqué entre deux habitations rustiques bâties sur des monticules boisés à l'entrée d'une forêt. Un bûcheron y cause avec sa femme.

$$Aq. — Pay. — 8 = 10 — 3.$$

35. *La Traversée.*

Paysage pittoresque et désert coupé par une petite rivière qu'un batelet traverse à l'aide du crampon.

$$Aq. — Pay. — 6 — 9 = 8 — 9.$$

36. *Le Village.*

Entrée d'un village dominé par un rocher et situé sur le bord d'un lac environné de montagnes.

$$Aq. — Pay. — 8 — 9 = 12 — 3.$$

37. *Station Religieuse.*

Un chemin tournant longe les murs d'un parc à la sortie d'un bourg, et borde une rivière qui s'étend au lointain. Près d'une fausse porte en ruine, des villageois sont en prières devant une vierge placée dans une niche pratiquée dans la muraille.

$$Aq. — Pay. — 6 — 3 = 8 — 9.$$

38. *Le Bras de rivière.*

Site agreste flanqué de rochers et baigné vers la gauche par un bras de rivière au bord duquel deux paysans conversent. Une chèvre placée sur l'autre rive, s'approche d'une touffe d'arbres pour en manger les feuilles.

$$Aq. — Pay. — 6 = 8.$$

39. *Cascade naturelle.*

Site désert couvert de rochers et planté d'arbustes sauvages, au milieu duquel coule une rivière dont les eaux forment cascade naturelle sur le premier plan. Un pêcheur accompagné de sa femme y jette une ligne.

$$Aq. - Pay. - 7 = 9.$$

40. *Site agreste.*

Un chemin pratiqué dans les montagnes tourne sur le bord d'un torrent flanqué de rochers. A droite, est une masure habitée par un bûcheron ; à gauche, plusieurs fabriques s'élèvent au milieu d'un massif d'arbres.

$$Aq. - Pay. - 7 - 3 = 10 - 6.$$

41. *Le Bateau.*

Site rocailleux, boisé et désert, arrosé par une rivière que traverse un bateau chargé de trois personnes.

$$Aq. - Pay. - 7 = 9 - 6.$$

42. *Les Bords du Lac.*

Quelques constructions rustiques bâties sur un chemin tortueux bordent un lac dominé par de hautes montagnes couvertes de neige.

$$Sep. - Pay. - 7 - 6 = 10 - 6.$$

43. *La Chèvre solitaire.*

Site boisé traversé par une rivière, à laquelle aboutit un chemin forestier. Une chèvre s'y est égarée.

$$Sep. - Pay. - 5 = 7.$$

— ·❦· —

M. CAISAC.

44. *La Bannière.*

Intérieur d'une église de campagne ouverte sur un échappé de paysage. Des paysans y sont en prières devant l'image de la Vierge placée en face d'une bannière.

Aq. — Arch. — 11 — 9 = 8 — 9.

45. *Vallée des Chèvres.*

Chemin montueux et sablonneux au milieu des montagnes. Un voyageur à cheval demande sa route au gardien de quatre chèvres.

Aq. — Pay. — 10 — 8.

M. CARON.

46. *Le Gué.*

Paysage orné de jolis lointains et traversé par une rivière guéable sur le premier plan où des femmes lavent du linge.

Aq. — Pay. — 4 — 3 = 6 — 6.

PH. DE CHAMPAIGNE (École de).

47. *Un Cardinal.*

Portrait d'un cardinal.

Tab. — Fig. — T. — 22 = 17.

M. CHAMPIN.

48. *Le Portail.*

Eglise de village dont le portail donne sur un chemin rural que descend un troupeau de vaches. Un ruisseau coule devant la porte du cimetière. Tandis qu'un villageois assis sur une pierre caresse son chien, une servante ferme la porte du presbytère.

Aq. — *Pay.* — 7 — 2 = 11 — 9.

49. *La Pelouse.*

Verte pelouse où paissent des chèvres gardées par un pâtre jouant du hautbois. A gauche une fontaine rustique ombragée par un bouquet d'arbres. A droite un couvent s'élève sur une éminence de terrain.

Aq. — *Pay.* — 7 = 12. — 3.

5o. *La Montée.*

Chemin montueux pratiqué dans des rochers et aboutissant à un pont d'une arche sous lequel passe une petite rivière. Ce site pittoresque est ombragé par un massif d'arbres au travers duquel on distingue au loin quelques constructions attenant à un petit moulin à eau.

Aq. — *Pay.* — 7 — 9 = 9 — 9.

51. *L'Église.*

Vue d'une église isolée prise à la traverse près la Romanche, département de l'Isère.

Aq. — *Pay.* — 8 = 13.

52. *La Bergère.*

Lisière d'un parc sur le bord d'une rivière dont elle n'est séparée que par une haie d'échalas. Une jeune bergère chargée d'une fourche rustique se rend à la fanaison. On aperçoit vers la droite un castel antique bâti sur une élévation boisée et flanquée de tourelles.

$$Aq. - Pay. - 7 - 3 = 13.$$

M. CHAZAL.

53. *L'Orange.*

Un bouquet de fleurs dans un cornet de papier, où domine une orange, est placé sur une tablette de marbre.

$$Aq. - 10 = 13.$$

M. CHENILLON.

54. *La Maisonnette.*

Maisonnette attenant à un pont sur le bord d'une rivière à laquelle on arrive par un chemin tournant.

$$Aq. - Pay. - 6 = 7 - 9.$$

55. *Le Linge étendu.*

Sur un terrain fermé par une haie rustique, repose un cheval attaché à une muraille. Plus loin une roue de moulin, et d'un bout à l'autre de droite à gauche une corde tendue supporte du linge.

$$Aq. - Pay. - 6 - 3 = 9 - 9.$$

56. *Moulin sur pilotis.*

Il est situé sur une rivière dont les bords plantés d'arbres lui

portent ombrage. Une villageoise s'en approche dans un batelet.

Aq. — Pay. — Arch. — 7 — 9 = 11.

M. CICÉRI.

57. *St.-Germain.*

Vue prise à St.-Germain-en-Laye près Paris, d'où l'on
aperçoit la terrasse du château.

Aq. — Pay. — 6 — 6 = 8 — 3.

58. *Montmartre.*

Vue de l'abreuvoir de Montmartre près Paris, d'où l'on découvre la plaine St.-Denis. Des promeneurs s'y sont arrêtés.

Aq. — Pay. — 6 — 6 = 8. — 6.

59. *La Grande Plaine.*

Vue du bas de Montmartre, d'où l'on voit l'étendue de la
plaine St.-Denis.

Aq. — Pay. — 6 — 6 = 8.

60. *La Place publique.*

Vue d'une place publique à Dijon, d'où l'on aperçoit la fa-
çade de l'ancien théâtre de cette ville.

Aq. — Arch. — 7 = 9 — 9.

M. COËNE (*fils*).

61. *Les Deux Chaumières.*

Chemin tournant sur le bord d'une mare et vis-à-vis de
deux masures couvertes en chaume. Un paysan y guide son

(23)

âne ; une villageoise y conduit deux vaches ; d'autres conversent à la porte du réduit rustique.

Tab. — Pay. — B. — 14 = 19.

M. COIGNET.

62. *La Vallée.*

Vue de la montagne des Fiz, dominant le lac de Chède dans
la vallée de Chamouny.

Tab. — Pay. — T. — 9 = 11 — 9.

M. COLIN.

63. *Côtes d'Angleterre.*

Vue des côtes d'Angleterre au soleil levant ; des marins y
amarrent une barque de pêcheurs.

Tab. — Mar. — Carton. — 9 = 12.

M. GOUDER.

64. *Fait historique.*

François Ier faisant exécuter, par Léonard de Vinci, le portrait de la belle Feronnière, avec laquelle il est assis sur un
canapé devant une riche draperie.

Tab. — Fig. — T. — 14 = 17.

65. *L'Affliction.*

Buste d'une jeune femme échevelée portant une main sur
son cœur, et paraissant occupée d'une pensée chagrine.

Tab. — Fig. — T. — 20 = 17.

D.

M. DANLOU.

66. *L'Attention.*

Buste d'une jeune fille les cheveux en désordre, et les épaules couvertes d'un mantelet noir. Sa figure est attentive.

Tab. — Fig. — T. — 17 = 14.

M. DECAISNE.

67. *La Convalescence.*

Intérieur d'un appartement où une jeune demoiselle lit le journal à son père convalescent. (*Exposé au Louvre en 1828, sous le n° 276.*)

Tab. — Fig. — T. — 20. — 6 = 17 — 6.

M. DE GRAILLY.

68. *La Forêt.*

Intérieur d'une épaisse forêt percée d'une route sablonneuse où s'acheminent des paysans précédés d'un roulier et de sa voiture.

Tab. — Pay. — T. — 14 = 17.

69. *La Grande Mare.*

Intérieur d'une forêt coupé par une mare qu'un paysan passe

à gué, tandis qu'une villageoise un panier au bras guide son enfant sur un chemin sablonneux.

Tab. — Pay. — T. — 14 = 17.

70. *Morfontaine.*

Vue du parc de Morfontaine, prise auprès du grand lac sur lequel vogue une barque. Des gardes-chasses s'arrêtent devant un vide-bouteille pour s'y rafraîchir, et des promeneurs parcourent le site.

Tab. — Pay. — T. — 20 = 17.

71. *Le Pont cassé.*

Vieux moulin à eau bâti sur pilotis et attenant à un pont en ruines qui conduit à la lisière d'un bois touffu. Quelques figures de villageois ornent cette composition.

Tab. — Pay. — T. — 20 = 17.

Mme. DEHERAIN (Herminie).

72. *Lecture de la Bible.*

Une jeune fille, assise auprès de sa grand'mère, lui lit un chapitre de la Bible. Un portrait de famille, un Christ, et un devant de cheminée décorent l'appartement.

Tab. — Fig. — T. — 15 = 12.

M. DELATTRE.

73. *La Colline.*

Sur le penchant d'un coteau, couvert de verdure et bordant une rivière, un petit pâtre, accompagné de son chien, garde

(26)

trois chèvres au repos; d'autres bestiaux guidés par un berger
descendent la colline pour aller s'abreuver.

Tab. — *Pay. et Fig.* — *T.* — 12 = 15.

M. DE LUCY (A).

74. *Une Neige.*

Une rue de village par un temps de neige. On aperçoit au-
delà dans le brouillard le clocher de l'église du lieu.

Aq. — *Pay.* — 5 = 6 — 9.

M. DEMARNE.

75. *Les Pâturages.*

Grande plaine où reposent et paissent des vaches et des
chèvres gardées par un couple villageois qui converse assis sur
l'herbe.

Tab. — *Pay et Fig.* — *B.* — 12 — 6 = 14.

DENÉER.

76. *L'artisan.*

Portrait d'homme négligemment vêtu et coiffé d'un bonnet
de laine.

Tab. — *Fig.* — *B.* — 16 — 3 = 13.

M. DEROY.

77. *Le Clocher.*

Vue de Nemours prise du pont de pierres qui y conduit, et

(27)

d'où l'on aperçoit le clocher et les premières maisons de la ville.

$$Aq. — Pay. — 4 — 9 = 6 — 6.$$

M. DESMOULINS (A.).

78. *L'abbaye.*

Intérieur d'une abbaye où deux moines se rencontrent et confèrent, tandis qu'un autre assis sur une marche et appuyé contre un pilier, parcourt les saintes Écritures.

$$Tab. — Arch. — B. — 12 = 9.$$

79. *Les Adieux.*

Mlle de Lafayette à son entrée au couvent fait ses adieux à Louis XIII, son royal amant; elle lui montre le Christ qui doit être désormais l'objet de ses pensées et de son adoration.

(Sujet tiré des mémoires de madame de Motteville, et exposé au Louvre en 1828, sous le n° 324.)

$$Tab. — Fig. — T. = 20 = 17.$$

80. *Le Piédestal.*

Assis auprès du piédestal d'un obélisque ombragé par le feuillage d'un vieux chêne, un religieux tenant un livre fait une lecture pieuse; une jeune dame, debout devant lui, paraît faire moins d'attention aux saintes Écritures qu'à deux colombes posées sur une branche, et qui se caressent.

$$Sep. — Fig. — 7 — 6 = 6.$$

Mlle. D'LEINDRE.

81. *Fleurs diverses.*

Un bouquet composé d'anémones , pensées, pois de senteur
et coquelicots.

$$Aq. - 8 - 6 = 7 - 3.$$

M. DONZELAER.

82. *Lès Patineurs.*

Sur un lac gelé et bordé de constructions rustiques, des
paysans hollandais se livrent aux plaisirs du patin.

$$Tab. - Pay. - B. - 13 = 17.$$

M. DROLLING (père).

83. *Les Cheveux roux.*

Portrait d'enfant portant une chevelure rousse, et couvert
d'un vêtement noir à collerette.

$$Tab. - Fig. - T. - 15 = 12.$$

M. DUBOSQ.

84. *La Marmotte.*

Deux enfans de l'Auvergne, dont un tenant une marmotte
et l'autre jouant de la vielle, se sont arrêtés devant les fe-
nêtres d'un appartement pour y demander assistance. Un
jeune homme leur jette une pièce de monnaie en présence
d'une femme qui s'est appuyée familièrement sur son épaule.

$$Tab. - Fig. - T. - 15 = 12.$$

M. DUBUFE.

85. *La Frayeur.*

Une jeune femme, à peine vêtue et les cheveux en désordre, se sauve d'un incendie qui éclate dans sa maison. Sa figure vu de trois quarts exprime la frayeur dont elle est saisie.

Tab. — Fig. — T. 20 = 17.

86. *Le Repentir.*

Buste d'une femme dans l'attitude suppliante du repentir, les yeux élevés vers le ciel, les mains jointes et tenant un chapelet.

Tab. — Fig. — T. — 24 = 20.

87. *Le Cachemire.*

Jeune dame, le corps placé de profil et la tête de face, jetant un cachemire sur ses épaules.

Tab. — Fig. — T. — 22 = 18.

88. *La Jeune Mère.*

Buste d'une jeune épouse, souriant à son enfant auquel elle présente le sein.

Tab. — Fig, — T. — 22 = 18.

89. *La Lecture.*

Une jeune demoiselle la tête appuyée sur une main et tenant de l'autre un roman qu'elle lit avec plaisir.

Tab. — Fig. — T. — 22 = 18.

90. *La Prière.*

Buste d'une jeune dame vue de profil, ayant les mains jointes et adressant une fervente prière au ciel vers lequel elle élève ses regards.

Tab. — Fig. — T. — 24 = 20.

91. *La Vierge.*

Buste d'une jeune fille les yeux baissés et dont les traits expriment la timidité et la candeur.

Tab. — Fig. — 22. — 6 = 18 — 6.

92. *Le Mendiant.*

Il est assis près du mur en ruines d'une habitation dévorée par les flammes. Ses traits expriment le malheur et le plus profond chagrin. Son chien placé près de lui semble partager la douleur qui l'accable.

Tab. — Fig. — T. — 17 = 14.

93. *Pandore.*

Téte d'étude dite la Pandore.

Tab. — Fig. — T. — 17 = 14.

94. *Le Jour de Barbe.*

Un vieux garçon dans une mansarde se rase devant un miroir.

Tab. — Fig. — T. — 9 = 7.

95. *Le Barbier.*

Intérieur de la boutique d'un barbier. Un vieillard s'y est assis et la serviette au col, le menton blanchi, il attend que l'artiste ait repassé son rasoir.

Tab. — Fig. — T. — 9 = 7.

(31)

96. *Les Extrêmes.*

Sous la fenêtre d'un restaurant où dîne un petit maître, un malheureux vieillard, couvert de haillons et chargé de deux enfans en bas âge, implore la pitié publique.

Tab. — Fig. — T. — 9 = 7.

97. *Les Savoyards.*

Deux savoyards à la porte d'une maison par un temps de neige.

(Ce tableau a fait partie de l'exposition du Louvre en...)

Tab. — Fig. — T. — 33 = 27.

M. DUNOUY.

98. *Le Chevrier.*

Dans une petite vallée boisée, dominée par des fabriques, un petit chevrier assis sur un monticule garde des chèvres broutant et au repos.

Tab. — Pay. — T. — 12 = 9.

M. DUTAC (d'Épinal).

99. *La Chapelle.*

Vue extérieure d'une vieille chapelle prise dans les Vosges. Elle est bâtie sur un rocher battu par les eaux d'un fleuve. On y arrive par un escalier rustique. Les derniers rayons du soleil couchant frappent la toiture de cet édifice et fait briller ses vitraux coloriés.

Tab. — Pay. — T. — 22 = 27.

M. DUVAL.

100. *Château d'Ecouen.*

Vue de la porte latérale du château d'Ecouen près Paris. des marchands ambulans y sont arrêtés près de deux villageois. Plus loin et extérieurement, une paysanne chasse ses bestiaux devant elle.

Tab. — Arch: — T. — 12 = 9.

M. DUVAL-LE-CAMUS.

101. *La Cour.*

Cour d'une ferme ornée d'accessoires rustiques. Un villageois y range des tonneaux. Deux poules y cherchent leur nourriture et un chien s'arrête à la porte.

Sep. — Pay. — 8. — 3 = 6 — 6.

102. *Le Petit Ramoneur.*

Il est assis sur une pierre de taille par un temps de neige, et il se chauffe les mains sur un pot à couver.

Sep. — Fig. — 6 — 9 = 5 — 3.

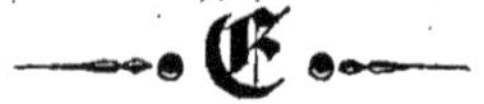

ENFANTIN.

103. *Pleine Forêt.*

Etude d'arbres prise dans la forêt de Fontainebleau

Tab. — Pay. — T. — 9 — 9 = 13.

104. *Cour de Ferme.*

Intérieur de la cour d'une ferme, dont le garçon appuyé sur une fourche et les bras croisés fume tranquillement sa pipe. Des poules, une charrette, plusieurs corps-de-logis et divers instrumens aratoires complètent cette étude faite d'après nature.

Tab. — Arch. — T. — 13 $=$ 9 — 6.

105. *Le Tombereau.*

Pays plat et chemin sablonneux traversant une grande plaine. Un charretier y conduit un tombereau traîné par un cheval blanc.

Tab. — Pay. — T. — 9 — 6 $=$ 13 — 6.

106. *La Barraque.*

Etude de paysage où s'élève une petite maison de bois, flanquée d'une longue rigole qui reçoit les eaux d'une source venant des montagnes.

Tab. — Pay. — T. — 10 $=$ 13.

107. *Corbeil.*

Etude du vieux pont de Corbeil construit partie en pierre et partie en bois.

Tab. — Pay. — T. — 9 $=$ 13.

108. *Les Artistes.*

Site de Fontainebleau où s'élève une masse de rochers sur laquelle deux dessinateurs prennent une vue pittoresque.

Tab. — Pay. — T. — 9 $=$ 12.

109. *Le Prieuré.*

Joli paysage orné d'une riche végétation. Sur le premier

plan, à droite, est une pelouse ombragée par de gros arbres et où se reposent des bergers gardant un jeune enfant et une chèvre blanche. Plus loin , est le bâtiment d'un prieuré sur la porte duquel est assis le solitaire. A gauche et dans l'éloignement , une rivière , un moulin à eau et une fabrique dominés par des montagnes boisées.

(*D'après M. Bertin.*)

*Tab. — Pay. — T. —*12=15.

110. *Le Couvert d'Arbres.*

Ebauche d'un site forestier, assez touffu, et dont les arbres inclinés forment un joli couvert sur un sentier bordé d'herbages.

*Tab. — Pay. — T. —*9—6=12—6.

111. *Grognano.*

Etude de paysage, dite souvenir de Grognano. Site désert et pittoresque hérissé de rochers et d'arbustes sauvages dominant un ravin profond.

*Tab. — Pay. — Cart.—*7—6=10—6.

112. *Le Palais.*

Intérieur du palais de la reine Jeanne. (Ebauche.)

*Tab. — Arch. — Cart.—*10—9=7—9.

113. *Les Rayons.*

Les premiers rayons du soleil levant percent l'horizon et répandent la lumière sur une campagne où l'on remarque une route et quelques habitations rustiques.

*Tab. — Pay. — T. —*9=12—9.

114. *Vue de Corbeil.*

Au bas d'un coteau où s'élèvent les premières maisons de

la ville de Corbeil, un pâtre s'est endormi en gardant des moutons. On distingue la Marne dans l'éloignement.

Tab. — Pay. — T. — 10 = 14.

115. *L'Usine.*

Vue extérieure des bâtimens d'une usine isolée au milieu de la campagne aux environs de Paris, et élevés sur le bord d'un ruisseau qui sert à son exploitation. Des paysans y transportent des fagots nécessaires à l'entretien du foyer.

Aq. — Pay. — 8 = 11.

116. *Le Vieux Berger.*

Il garde un troupeau de moutons sur un terrain couvert de verdure et borné à l'horizon par des montagnes.

Aq. — Pay. — 6 — 3 = 7 — 6.

117. *La Ferme.*

Vue extérieure d'une ferme où l'on remarque çà et là divers instrumens rustiques. Une villageoise assise à sa porte file au fuseau en conversant avec un paysan; près d'eux est un cheval blanc au repos et une mare d'eau avoisinant un tas de fumier.

Sep. — Pay. et Arch. — 7 — 6 = 9 — 3.

118 *La Place Brutus.*

Vue d'Etioles près Paris, prise de la place dite de Brutus. Des villageois conversent au pied d'un mur et vis-à-vis d'un escalier de pierre.

Sep. — Pay. — 6 — 3 = 9.

119. *Les Prés.*

Prés aux environs d'une ville dont on aperçoit les monumens.

Des bestiaux y paissent, non loin d'un chemin qui occupe le milieu du site que des paysans traversent en plusieurs sens. Les devants arides sont hérissés d'herbages et de plantes.

Sep. — Pay. — 6 — 3 = 8 — 9.

120. *Les Murailles.*

Une rivière coule au pied des murailles d'un vieil édifice formant trois corps-de-logis; des saules, des peupliers et des arbustes bordent les deux rives. On aperçoit un pont dans l'éloignement.

Sep. — Pay. — 7 — 9 = 10 — 6.

121. *Un Bois.*

Intérieur d'un bois touffu que parcourt un voyageur le sac sur le dos.

Sep. — Pay. — 6 — 6 = 9.

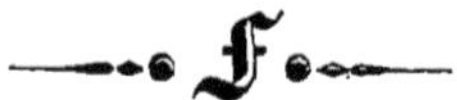

M. FAURE-MONVAL.

122. *Les Artilleurs.*

Halte d'artilleurs sur une éminence. Un brigadier reçoit les ordres de son chef qui lui montre un endroit d'où la fumée s'élève et où il paraît y avoir un escarmouche.

Tab. — Fig. et Pay. — T. — 9 = 12.

M. FLEURY.

123. *Le Coup de Foudre.*

Intérieur d'une caverne de brigands italiens. Plusieurs sont

groupés à l'entrée et semblent y guetter un voyageur, tandis
que leur femme et leur fille sont assises derrière eux , et près
des fruits de leurs crimes. Au bruit des éclats de la foudre , la
première sent naître ses remords et l'autre se cache la figure
sur les genoux de sa mère.

Tab. — Fig. — T. — 15 = 12.

124. Les Deux Servantes.

Deux pourvoyeuses italiennes sont venues prendre de l'eau à
une fontaine rustique, pratiquée dans un rocher , dans la campagne de Rome. L'une d'elle , en attendant que l'autre ait
empli son vase, regarde avec intérêt une bague qu'elle porte à
son doigt.

Tab. — Fig. — T. — 20 = 17.

125. Matelot Napolitain.

Il est debout appuyé sur un parapet et regarde avec attention
tion un bâtiment qui s'approche du port.

Tab. — Fig. — T. — 12 = 9.

126. Les Buffles.

Deux buffles sous le joug et conduits par un paysan traînent
un chariot sur un chemin sablonneux au bord d'un lac.

Aq. — Fig. et Pay. —6 — 6 = 10 — 6.

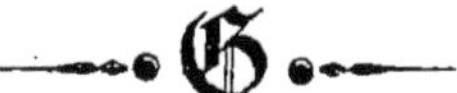

M. GASSIES.

127. La Dame du Lac.

Vue du lac Lomond en Ecosse, dominé par des rochers es—

carpés sur l'un desquels le peintre a placé la **Dame du Lac**, attentive aux accens d'un vieux barde mariant à sa voix les accords d'une harpe antique. Les vapeurs qu'exhalent les eaux du lac chargent l'atmosphère et répandent sur ce site romantique une teinte de mélancolie.

Tab. — Pay. — B. — 14 = 18.

128. *Le Gros Temps.*

Vue d'un lac en Ecosse par un temps orageux. Non loin de la côte qu'on aperçoit à droite, une chaloupe dont on hisse les voiles lutte contre les flots.

Tab. — Mar. — T. — 15 = 24.

129. *La Baie.*

Vue d'une baie chargée de barques mâtées et bordées d'habitations sur des hauteurs.

Aq. — Mar. et Pay. — 5 — 3 = 7 — 7.

M. GENRET.

130. *Le Lavoir.*

Intérieur d'une cour au milieu de laquelle est un bassin carré à fleur de terre et plein d'eau. Il sert de lavoir aux femmes du village ; une d'elles y lave du linge.

Sep. — Arch. — 5 — 6 = 4.

131. *L'Escalier.*

Escalier fermé par une grille surmontée d'une croix de fer et conduisant aux caveaux d'un cloître.

Sep. — Arch. — 5 — 6 = 4.

M. GODEFROY.

132. *Le Grillage.*

Un paysan s'arrête devant une muraille en ruine, où est pratiquée une ouverture grillagée. Cette muraille qui s'élève sur le bord d'une rivière est couverte de végétation et ombragée par un massif d'arbres.

Sep. — Pay. — 5 — 3 = 8 — 6.

133. *Les Pics.*

Habitation rustique bâtie sur une montagne hérissée de pins sauvages et dominée elle-même par des rochers à pic.

Sep. — Pay. — 7 — 3 = 6.

134. *Les Deux Arches.*

Un pont en pierre et de deux arches étroites traverse une rivière et attient à une chaumière bâtie sur une colline.

Sep. — Pay. — 5 — 3 = 8 — 6.

M. GOUROT.

135. *Le Vestibule.*

Vue intérieure du vestibule de l'hôtel des gardes-du-corps à St.-Germain-en-Laye près Paris. Trois de ces messieurs y conversent ; un autre monte un escalier au fond, tandis qu'une jeune servante prend de l'eau à une fontaine placée à droite.

Tab. — Arch. — T. — 12 = 9.

136. *L'Écurie.*

Intérieur d'une salle gothique servant d'écurie. Un cheval

blanc mange au râtelier, tandis que le palfrenier étend de la paille fraîche et rassemble l'ancienne.

Tab. — Arch. et Fig. — T. — 12 = 9.

M. GRANET.

137. *La Fontaine.*

Site désert dans la campagne de Rome, orné d'une fontaine rustique auprès de laquelle un moine chargé d'une besace interroge une jeune fille qui y est venue emplir deux cruches.

Tab. — Fig. et Pay. — T. — 9 = 12.

GREUZE (D'après).

138. *L'Oiseau Mort.*

Une jeune fille négligemment vêtue, pleure la perte de son oiseau mort qu'elle vient de sortir de la cage.

Tab. — Fig. — T. — 17 = 20.

139. *Le Mantelet.*

Tête d'étude d'une petite fille couverte d'un mantelet.

Tab. — Fig. — T. — 15 = 12.

140. *Le Jeune Garçon.*

Tête d'expression d'un jeune paysan qui semble regarder avec un sentiment de pitié l'objet qui s'offre à ses regards.

Tab. — Fig. — T. — 17 = 13 — 6.

(41)

M. GUDIN (Th.).

141. *La Tourmente.*

Mer agitée sous un ciel orageux à la vue d'une côte. Deux barques y luttent contre les flots.

Tab. — Mar. — T. — 12 = 17.

142. *Nice.*

Vue des côtes de Nice. Un dessinateur assis sur une éminence de roches en prend le site.

Tab. — Pay. et Mar. — T. — 12 = 17.

M. GUÉ.

143. *La Vieille Tour.*

Ruines d'une ancienne construction servant de bâtimens à une ferme située sur une éminence de terrain au-dessus d'un chemin creux conduisant à une rivière.

Tab. — Pay. — T. — 9 = 12.

144. *La Fausse-Porte.*

Restes d'un ancien château fort bordé de fossés pleins d'eau, et auquel on arrive par un pont d'une arche en pierres. La porte principale est flanquée de deux tourelles qui tombent en ruines. Des villageois y sont arrêtés. Un jeune paysan y jette un filet.

Tab. — Pay. — T. — 9 = 12.

—•H•—

HAUDEBOURT-LESCOT (Genre de Madame).

145. *L'Oratorio.*

Entrée d'une oratorio dans une campagne d'Italie. Une femme chargée d'un enfant y fait sa prière, tandis qu'une jeune fille décore de fleurs l'image d'une madone.

Tab.—Fig. — T. — 12 = 9.

HUE.

146. *Le Pont de la Vallée.*

Vallée riante coupée par une rivière sur laquelle est un pont d'une arche qui communique de la lisière d'un bois au chemin tournant qui conduit à la montagne ; çà et là quelques figures de villageois.

Tab. — Pay.—B. = 11 = 15.

—•J•—

M. ISABEY (Eugène).

147. *Le Rivage.*

Sous un ciel nuageux couvert encore des vapeurs du matin et que les rayons du soleil levant percent à peine, est une marine bordée de barques amarrées ou prêtes à partir pour la pêche. Le rivage qui occupe la plus grande partie du tableau est garni de bois de chaloupes, d'ustensiles de pêche, d'une hutte de matelots et d'une grosse barque au radoub.

Tab. — Mar. et Pay. — T. — 15 — 6 = 21.

148. *Le Radoub.*

Plusieurs barques au radoub sur une grève au bord de la mer. Des matelots s'occupent de leur réparation, tandis que d'autres raccommodent les voiles.

Aq. — Mar. — 6 — 3 = 8 — 6.

149. *Moulin du Tertre.*

Un moulin à vent sur une éminence de terrain, près d'une petite rivière chargée de deux barques. Un lointain boisé dans un pays plat borne l'horizon.

Aq. — Pay. — 5 — 3 = 7 — 6.

M. JAIME.

150. *La Plage.*

Etendue de mer prenant d'une plage flanquée de rochers et s'étendant à perte de vue. Des barques y sont amarrées et des matelots s'y reposent.

Aq. — Mar. — 7 = 10.

151. *La Brouette.*

Vue prise au bas de Montmartre, près Paris, où l'on remarque près d'une usine des tombereaux qui attendent leur chargement et des brouettes nécessaires au service des ouvriers.

Aq. — Pay. — 4 — 6 = 7.

152. *Le Moulin à Vent.*

Les bords d'un fleuve couvert de barques sont dominés par divers monticules dont le principal supporte un moulin à vent vu de profil.

$$Aq. - Pay. -6 = 8 - 6.$$

M. JOLIVARD.

153. *La Prairie.*

Petite vallée où coule une rivière guéable et qui sert d'abreuvoir aux chevaux et aux bestiaux du canton. On y arrive par un petit pont de pierre. A droite une prairie, et au milieu une maisonnette dont le toît s'élève au-dessus d'un bouquet d'arbres.

$$Tab. - Pay. - B. = 10 - 6 = 12 - 6.$$

154. *Moulin à Eau.*

Etude d'après nature d'un moulin à eau sur une rivière au bord de laquelle des femmes qui lavent du linge causent avec un pêcheur. Plus loin une barque chargée.

$$Tab. - Pay. - T. - 8 - 6 = 13.$$

155. *L'Abreuvoir.*

Etude pittoresque prise d'après nature au Mans. Un roulier mène ses chevaux à un abreuvoir bordé d'arbres et dominé par une masure.

$$Tab. - Pay. - T. - 8 - 6 = 13.$$

(45)

M. JOLY.

156. *Le Volcan.*

Site napolitain offrant l'aspect d'un désert aride et montagneux où coule un ruisseau et où deux voyageurs se reposent. On aperçoit le Vésuve vomissant une épaisse fumée.

Sep. — Pay. — 8 = 10 — 6.

157. *Chute d'Eau.*

Rochers à pic couverts de végétation et plantés de pins sauvages. Une cascade naturelle s'y est formée et vient répandre ses eaux écumeuses sur le premier plan.

Sep. — Pay. — 10 — 9 = 8 — 9.

M. JOZAN.

158. *L'Inquisition.*

Intérieur d'une salle d'inquisition où deux familiers amènent une jeune fille enchaînée précédée d'un juge qui lui montre sa prison.

Aq. — Arch. — 5 — 3 = 4.

159. *Salle Gothique.*

Intérieur d'une salle gothique ayant issue sur la campagne. Un jeune chevalier s'arrête à une grille pour parler à des religieux.

Aq. — Arch. — 4 = 5 — 6.

M. JUSTIN.

160. *Le Palais et la Chaumière.*

Site boisé coupé par un chemin rural au bord duquel est une modeste chaumière. Non loin de là, à travers le feuillé des arbres, s'élève un château gothique à demi-ruiné.

Sep. — Pay. — 8 — 6 = 12 — 3.

161. *Le Petit Pont.*

Issue d'un bois au bord d'un ruisseau sur lequel est un petit pont de pierres conduisant à un vieux castel.

Sep. — Pay. — 5 — 6 = 8.

162. *Départ des Barques.*

Aux premiers rayons du jour, des barques de pêcheurs partent et se disposent à quitter la plage pour gagner le large. Quelques-unes sont déjà éloignées du bord. Plusieurs habitations qui garnissent la rive aboutissent à une tourelle vue au lointain.

Sep. — Mar. — 6 — 3 = 7 — 9.

163. *Le bord de l'Eau.*

Une rivière coule en vue de plusieurs habitations bourgeoises, flanquées de bouquets d'arbres de diverses espèces. Quelques batelets portent des pêcheurs et des promeneurs.

Sep. — Pay. — 4 — 9 = 6 — 4.

164. *La Tourelle.*

Les bâtimens d'une ferme auxquels attient une petite tourelle, bordent un chemin rural conduisant au bord d'une rivière. Parmi les constructions qui occupent une partie du rivage circulaire, on distingue la flèche de l'église du lieu.

Sep. — Pay. — 6 — 10 = 9 — 3.

ℒ.

M. LAFOND.

165. *L'Egypte.*

Voyage de M. Denon en Egypte. Il est assis à l'ombre d'un palmier et entouré de gens du pays, il dessine sous leurs yeux. Plusieurs enfans, auxquels il a promis une récompense, lui apportent les curiosités du sol.

Tab. — Fig. et Pay. — T. — 17 = 14.

M. LAFONTINELLE.

166. *Le Batelier.*

Il attend les passagers sur le bord d'une rivière et près d'une habitation rustique.

Tab. — Pay. — T. — 9 = 12.

M. LANNES.

167. *Le Souterrain.*

Intérieur d'un souterrain recevant le jour par le haut d'un escalier en pierres pratiqué à droite ; un religieux adossé à une colonne, parait y être enfermé pour expier une faute grave contre les règles de son ordre.

Sep. — Arch. — 6 = 4 — 6.

M. LAPITO.

168. *Le Crépuscule.*

Vue d'une campagne aux approches du crépuscule du soir. Une fabrique italienne au milieu d'un site boisé, est dominée par une partie de rochers à pic couverts de végétation. Un couple villageois y est arrêté dans un sentier au pied d'un gros arbre.

Tab. — Pay. — T. — 12 = 15.

169. *Le Châlet.*

Il est construit sur le penchant d'une haute montagne boisée qui s'étend jusqu'à l'horizon, et dont le pied est baigné par un bras de rivière. Des enfans y jouent près d'une paysanne qui les surveille.

Tab. — Pay. — T. — 12 = 15.

M. LEBOUCHER.

170. *Les Voyageurs.*

Ils sont en prière devant une madone, dans un site d'Italie.

Écoute ma prière,
Mère des malheureux.
Soulage ma misère,
Daigne exaucer mes vœux.

Vers un lointain rivage
Nous allons voyager;
Garde nous du naufrage,
Garde nous du danger.

Que ta douce assistance
Nous protège en tout lieu;
Du pauvre l'espérance
Est tout entière en Dieu.

Écoute ma prière, etc.

Aq. — Pay. et Fig. — 5 — 6 = 4 — 2.

171. *Le Chevalier galant.*

Un chevalier donne la main à une châtelaine, à la descente
d'un escalier de pierre aboutissant à une galerie gothique,
éclairée par une croisée à vitraux de couleur.

Aq. — Arch. et Fig. — 7 — 6 = 5 — 3.

M. LECŒUR.

172. *Le Grenier.*

Deux petits bateleurs retirés dans leur grenier, près des insignes de leur profession qui se composent de marionnettes,
d'un tambourin et d'une vielle. L'un d'eux s'est endormi sur
la paille; l'autre compte le produit de sa recette.

Tab. — Fig. — T. — 15 = 12.

M. LECOMTE (Hypolite).

173. *Le pied de l'Arbre.*

Intérieur d'une forêt où paissent des bestiaux. Un jeune berger et une jeune bergère assis au pied d'un hêtre, y tiennent
des propos d'amour. La fidélité repose auprès d'eux.

Tab. — Fig. et Pay. — T. — 12 = 15.

(50)

Mlle. LEDOUX.

174. *L'Admiration.*

Tête d'étude d'une jeune femme dans l'admiration.

Tab. — Fig. — T. — 17 = 14.

175. *La Réflexion.*

Tête d'étude d'après Greuse.

Tab. — Fig. — T. — 15 = 12.

LEPRINCE (Xavier).

176. *La Hutte.*

Halte de bestiaux et de villageois dans un chemin creux et près d'une hutte couverte en chaume. La ménagère, assise sur la verdure à l'ombre d'un gros arbre, semble heureuse de sa richesse champêtre. Un paysan, monté sur un cheval, lui indique de gras pâturages.

Tab. — Pay. et Fig. — T. — 20 = 24.

177. *La Maison des bois.*

Une maisonnette au milieu d'un bois et sur le bord d'un ruisseau. (Étude d'après nature prise à Pierre-Fonds.)

Tab. — Pay. — T. — 11 — 6 = 15 — 3.

178. *Les Chaumières.*

Étude de chaumières dont une tombant en ruines. (Vue de Pierre-Fonds.)

Tab. — Arch. — T. — 12 = 15.

179. *La Charrette.*

Elle est sous la remise, le cheval y est attelé. Elle n'attend plus que le charretier pour la conduire. (Étude.)

$$Tab. — Fig. — T. — 12 = 14.$$

180. *Le Nid de l'Aigle.*

Etude prise à l'endroit dit le nid de l'aigle, dans la forêt de Fontainebleau.

$$Tab. — Pay. — T. — 12 = 15.$$

181. *Ile St.-Denis.*

Vue prise à l'Ile Saint-Denis près Paris. (Étude d'après nature.)

$$Tab. — Pay. — T. — 8 — 6 = 11 — 6.$$

182. *La Vache Noire.*

Etude d'après nature d'une vache noire.

$$Tab. — Fig. — T. — 12 = 15.$$

183. *Vue de Suisse.*

Elle est prise au canton de Berne, près Meyringen. (Etude d'après nature.)

$$Tab. — Pay. — T. — 12 = 14 — 9.$$

184. *Le Jeune Artiste.*

Il porte un carton sous le bras et arrive à la porte de l'académie que lui indique un homme-modèle assis sur un banc de pierre.

$$Tab. — Fig. — T. — 9 = 7.$$

(52)

185. Le Lion.

Etude d'après nature du lion du Jardin des Plantes.

Tab. — Fig. — T. — 9 = 10 — 6.

186. Le Jongleur.

Etude d'après nature d'un jongleur assis sur une estrade.

Tab. — Fig. — T. — 12 = 9.

187. Le Cheval Gris.

Etude d'après nature d'un cheval gris au râtelier.

Tab. — Fig. — T. — 12 = 15 — 6.

188. Le Vieux Tronc.

Intérieur de la forêt de Fontainebleau, où l'artiste a peint d'après nature le tronc dit au nid de l'aigle.

Tab. — Pay. — T. — 12 = 15.

189. Le Saule Pleureur.

Etude d'arbres au bord d'une rivière, prise dans le parc de Morfontaine.

Tab. — Pay. — T. — 11 — 9 = 14 — 3.

190. Vue Générale.

Vue générale de Pierre-Fonds. (Etude d'après nature.)

Tab. — Pay. — T. — 12 = 15.

191. La Jument.

Etude d'après nature d'une jument croisée de Mecklembourg.

Tab. — Fig. — T. — 11 — 6 = 13 — 6.

192. *Cheval Arabe.*

Etude d'après nature d'une jument croisée arabe de Mecklembourg.

$$Tab. - Fig. - T. - 11 - 9 = 14 - 3.$$

193. *Le Hâvre.*

Vue d'une grève au port du Hâvre. Mer houleuse par un temps orageux.

$$Tab. - Mar. - T. - 6 = 8.$$

194. *Les Anes.*

Une villageoise gardant un âne et un jeune ânon. (Etude d'après nature.)

$$Tab. - Fig. - T. - 11 - 6 = 14 - 6.$$

195. *Etude d'Arbres.*

Plusieurs arbres en pleine forêt parmi lesquels est l'énorme tronc d'un hêtre.

$$Tab. - Pay. - T. - 15 = 12.$$

196. *Le Cheval Noir.*

Etude d'un cheval noir attaché à la porte de l'écurie.

$$Tab. - Fig. - T. - 12 = 15.$$

197. *Moulin des Prés.*

Etude d'après nature d'un moulin à eau attenant à une prairie bordée d'arbres.

$$Tab. - Pay. - T. - 8 = 10 - 9.$$

198. *La Grève.*

Vue de Calais. — Sur une grève, au bord de la mer, des pêcheurs chargent un chariot des huîtres qu'ils ont dans leur barque. Deux chevaux attendent le chargement.

Tab. — *Mar.* — *T.* — 6 = 8 — 6.

199. *L'Arbre Cassé.*

Etude d'après nature du tronc d'un hêtre cassé.

Tab. — *Pay.* — *T.* — 11 — 9 = 15.

200. *Le Colin-Maillard.*

Des servantes réunies sur une terrasse se livrent à ce jeu.

Sép. — *Fig.* — 3 — 6 = 5 — 2.

M. LEPRINCE (Léopold),

201. *Le Repos.*

Site pittoresque pris dans la forêt de Fontainebleau. Un chasseur au repos et abrité par un énorme rocher envoie son chien à la découverte. Plus loin, une femme et ses enfans cherchent du bois mort.

Tab. — *Pay.* — *T.* — 12 = 15.

—•M•—

M. MAILLE.

202. *Moulin d'Yères.*

La rivière d'Yères poursuit son cours entre les bâtimens

d'un moulin à eau dont elle fait mouvoir la roue. Elle répand ses eaux sur les premiers plans. Des canards quittent la rive pour s'y promener. Des villageois, un batelier et un cheval de tirage occupent la rive droite.

Tab. — Pay. — T. — 12 = 15.

203. *Etioles.*

Vue du village d'Etioles près Paris. Un charretier en sort et guide un tombereau sur un chemin tournant qui aboutit sur le premier plan.

Tab. — Pay. — T. — 12 = 15.

M. MARIN.

204. *Saint-Nicolas.*

Ruines d'une chapelle dédiée à Saint-Nicolas et dont il ne reste plus que deux piliers dont l'un supporte la statue du saint. Deux religieux s'y sont arrêtés.

Aq. — Arch. et Pay. — 5 = 4 — 3.

M. MARTIN (Paul).

205. *Le Bâtiment.*

Vue d'un port de mer où l'on remarque principalement un bâtiment au radoub ; d'autres au lointain, et plusieurs barques chargées.

Tab. — Mar. — T. — 8 = 12.

206. *Le Prêtre.*

Intérieur d'église au moment d'un baptême. Un prêtre se

dirige vers la chapelle des fonts baptismaux où on l'attend.

(*D'après M. Arrowsmith.*)

Tab. — Arch. — T. — 13 — 6 = 10 — 6.

Mme. MARTIN.

207. *L'Effroi.*

Deux jeunes filles, surprises par l'orage en pleine campagne, paraissent saisies d'effroi au bruit de la foudre qui éclate au loin.

Tab. — Pay. — Fig. — T. — 17 = 14.

MICHALLON.

208. *Arcueil.*

Vue d'une partie du grand aquéduc d'Arcueil près Paris. Un jeune paysan y lance son chien à l'eau.

Tab. — Arch. et Pay. — T. — 16 = 13.

209. *La Cabane.*

Cabane rustique bâtie en briques, couverte en chaume, et située au milieu d'un parc.

Tab. — Pay. — T. — 16 = 11 — 6.

210. *Le Châtaignier.*

Etude d'un châtaignier en plaine.

Tab. — Pay. — T. — 17 = 12 — 6.

M. MONTHELIER.

211. *Le Parc aux Ruines.*

Un pâtre fait parquer ses moutons dans les ruines d'une vieille chapelle gothique dont un roulier s'éloigne avec sa voiture.

Tab. — Arch. — T. — 12 = 9.

M. MOZIN.

212. *Harfleur.*

Vue prise d'après nature au milieu d'Harfleur, où coule un bras de mer couvert de barques. Des habitans circulent à droite et à gauche dans les rues environnantes ; parmi les habitations qui bordent les deux rives on aperçoit le clocher du pays qui les domine.

Tab. — Mar. et Arch. — T. — 14 = 20.

213. *Le Roulier.*

Un roulier guide un lourd chariot sur une route sablonneuse qui traverse un pays plat orné de prairies où paissent des bestiaux sur le bord de la mer.

Aq. — Pay. et Fig. — 4 — 6 = 7 — 9.

214. *Lever de la Lune.*

La lune se lève derrière une ruine qui décore le sommet d'une montagne, et répand sa clarté sur une rivière guéable couverte de batelets et que traversent des vaches.

Sép. — Pay. — 4 — 6 = 7 — 6.

—•n•—

M. NICOLLE.

215. *Le Temple.*

Vue extérieure d'un petit temple, auquel on arrive par un grand escalier ; précédé d'un tronc et orné d'un obélisque surmonté d'une croix. C'est l'oratorio de Vietri, sur la route de Naples à Salerne.

Aq. — *Arch. et Fig.* — 6 — 6 = 4 — 6.

216. *Le Tibre.*

Vue du pont des Sénateurs, appelé vulgairement *Ponte-Rotto* ou Rompu ; il est situé sur le Tibre, à Rome.

Aq. — *Pay.* — 7 — 6 = 11 — 9.

217. *La Colonne.*

Vue de la place et de la colonne Trajane, et de l'Église de Sainte-Marie-de-Lorette, à Rome.

Aq. — *Arch.* — 7 — 6 = 11 — 9.

M. OCHARD.

218. *La Chèvre noire.*

Une jeune napolitaine, assise sur un monticule, donne à manger à une chèvre noire.

Tab. — *Fig. et Pay.* — *T.* — 12 = 15.

M. OWEN.

219. *La Tempête.*

Un bâtiment et plusieurs barques luttant contre les flots et
près de se briser contre les rochers qui bordent la côte.

Aq. — Mar. — 5 — 3 = 4 — 3.

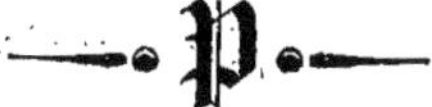

MLLE. PAGÈS.

220. *Tête d'Étude.*

Tête de jeune homme. (Étude d'après le modèle.)

Tab. — Fig. — T. — 24 = 20.

M. PARADIS.

221. *Le Marchand ambulant.*

Intérieur d'une maison bourgeoise où se présente un marchand ambulant qui vend à une vieille femme un schall qu'elle
destine à sa fille. Celle-ci examine l'objet de ses désirs durant la discussion du prix.

Aq. — Fig. — 6 — 6 = 5 — 9.

M. PERNOT.

222. *Clair de Lune.*

La lune jette sa pâle clarté sur un site de l'Écosse, où

coule un torrent, dominé par un château fort bâti sur des rochers. L'une des tours est surmontée d'un drapeau. Des soldats écossais se chauffent devant un grand feu qu'ils ont allumé sous une roche.

Dess. — *Pay.* — 7 = 9 — 6.

M. PHILASTRE.

223. *Les deux Ponts.*

Intérieur d'un parc planté de différens arbres, et arrosé par une rivière partagée en deux par un tertre qui forme île sur le première plan. Deux ponts de bois conduisent aux bâtimens d'un moulin à eau.

Aq. — *Pay.* — 5 — 6 = 8 — 6.

224. *La Porte du Parc.*

Entrée d'un parc sur un chemin forestier. La porte principale est ornée d'inscriptions et d'insignes héraldiques. Un jeune villageois s'y est assis.

Aq. — *Pay.* — 7 — 2 = 9 — 2.

225. *Les deux Routes.*

Campagne riante, aux environs de Paris, où deux chemins tournans ont été pratiqués, dont l'un pavé et que parcourt une villageoise précédée d'un cheval.

Aq. — *Pay.* — 4 — 2 = 7 — 3.

226. *Les Bœufs.*

Site boisé, coupé par une rivière guéable que des bœufs traversent auprès d'un pont de pierre d'une seule arche.

Aq. — *Pay.* — 5 — 3 = 7 — 8.

M. PINCHON.

227. *Le Joueur de Vielle.*

Il parcourt la campagne en jouant de son instrument.

Tab. — Fig. — T. — 12 = 9.

— R —

M. RAUCH (Charles),

228. *Les Pâtres.*

Vallée déserte au pied de hautes montagnes hérissées de rochers; des pâtres y gardent des moutons et des chèvres. Deux d'entre eux, assis à l'ombre d'une énorme pierre, donnent à manger à un agneau.

Tab. — Pay. — T. — 14 = 17.

229. *Sassenage.*

Vue d'un moulin de Sassenage sur le penchant d'une côte rapide et au milieu de plusieurs constructions. Des chèvres et des moutons paissent dans la vallée, sous la garde d'un jeune pâtre appuyé sur le tronc d'un arbre abattu.

Tab. — Pay. — T. — 14 = 17.

230. *Le Lyonnais.*

Vue prise aux environs de Lyon. Site montagneux arrosé par une rivière et orné de constructions disposées en vue générale, avec figures de pâtres et de bestiaux sur le premier plan.

Tab. — Pay. — T. — 12 = 15.

231. *La Chaîne de montagnes.*

Chemin tournant pratiqué dans une chaîne de hautes montagnes, et sur lequel un paysan chasse un mulet chargé.

Sép. — Pay. — 7 — 6 = 6.

M. REGNIER.

232. *Fontaine de Montmartre.*

Vue de la descente de Montmartre, du côté de Clignancourt, et des plaines environnantes. On remarque sur le premier plan la fontaine ombragée par un chêne, à laquelle se rend un troupeau de moutons pour s'abreuver. (*Figures de Xavier Leprince.*)

Tab. — Pay. — T. — 10 — 6 = 18 — 6.

233. *Le Four à plâtre.*

Vue extérieure d'un four à plâtre situé à Montmartre, près Paris. (Étude terminée d'après nature.)

Tab. — Pay. — T. — 10 — 15.

234. *La Rivière.*

Une rivière serpente au milieu d'un paysage ; elle se partage en deux bras pour former un îlot boisé, au milieu duquel on distingue une chaumière. Quelques figures, touchées par Xavier Leprince, ajoutent à l'intérêt du site.

Tab. — Pay. — B. — 8 — 9 = 11 — 9.

235. *Le Pont de bois.*

Il communique à une route située au pied d'une haute

colline et qui aboutit à une plaine. Un villageois y pêche, une
voiture de roulage s'en éloigne.

Tab. — Pay. — B. — 8 — 9 = 11 — 9.

236. *Église de Roboise.*

Vue de l'église de Roboise, près Évreux, département de
l'Eure. Elle est située sur une éminence, et domine la rivière
sur laquelle vogue un coche traîné par des chevaux. (*Figures
de Xavier Leprince.*)

Tab. — Pay. — T. — 17 = 20 — 3.

237. *Le Cimetière.*

Vue extérieure d'une église de campagne, à laquelle attient
un cimetière.

Sép. — Pay. — 5 — 2. — 5 — 6.

M. RENARD (Édouard).

238. *Le Pont des Arts.*

Vue d'une partie du pont des Arts prise de la grève sur la
rive droite de la Seine. À travers la dernière arche, et moitié
de la seconde obstruée par les bateaux à charbon qui y sont
amarrés, on distingue le pont Neuf, les bains Vigier, le quai
des Morfondus et le pont au Change. Un batelier est endormi sur le premier plan auprès d'un train de voiture sans
attelage.

Aq. — Arch. — 6 = 10 — 6.

239. *Les Deux Pêcheurs.*

Deux pêcheurs, au bord d'une petite rivière, y jettent un
filet. On remarque sur la rive plusieurs paniers servant à la

pêche des écrevisses ; le site frais et agréable est orné de peupliers et de saules, au milieu desquels on remarque une habitation.

Aq. — *Pay.* — 4 — 6 = 6 — 3.

240. *Issue de Village.*

Sortie d'un village sur un chemin rural qui descend dans
la plaine, et sur lequel les dernières maisons se prolongent
vers la droite: Une charrette couverte s'en éloigne.

Aq. — *Pay.* — 5 = 8.

241. *Les Commères.*

Devant une grande habitation rustique, bâtie sur un monticule flanqué de roches et de pierres, des villageoises grou-
pées près du seuil conversent entr'elles ; à droite est un sentier
qui conduit à un escalier de pierre qui monte à l'habitation.

Aq. — *Pay.* — 5 = 8.

M. RENOUX.

242. *Le Moulin de Cour-Neuve.*

Vue extérieure des bâtimens d'un moulin ombragé par des
peupliers, aux environs de Saint-Denis. On y arrive par un
chemin tournant, longeant une grande prairie où paissent des
bestiaux ; un pont rustique sous lequel coule une rivière sert
de communication du chemin à la ferme, près de laquelle on
remarque quelques-figures de villageois.

Tab. — *Pay.* — *T.* — 17 = 23.

243. *Site d'Italie.*

Oratorio dont l'entrée donne sur une campagne d'Italie et

d'où sort un solitaire portant une besace. Une jeune paysanne chargée d'un enfant s'y est agenouillée pour y faire sa prière.

Tab. — Arch. — T. — 12 = 9.

244. *Charentonneau.*

Vue du moulin de Charentonneau près Paris. Une jeune dame et deux jeunes gens s'y livrent aux plaisirs de la pêche.

Tab. — Pay. — T. — 12 = 9.

245. *Une Ruine.*

Ruines d'une abbaye sur le bord d'un chemin montueux et bordé d'arbrisseaux. Un couple villageois y converse.

Tab. — Arch. et Pay. — T. — 12. = 9.

246. *La Salle Basse.*

Intérieur d'une salle basse dépendant d'un vieux château gothique sis à Chartres. Un seigneur suivi de deux écuyers s'approche d'une fenêtre pour y lire une lettre.

Tab. — Arch. — T. — 12 = 15.

247. *Le Religieux.*

Un moine s'est endormi en faisant une lecture ; il est assis sur un banc de pierre dans un intérieur gothique éclairé sur la campagne par une croisée cintrée à deux faces et grillagée.

Tab. — Arch. et Fig. — T. — 14 = 10 — 6.

248. *Le Pèlerin.*

Ruine d'un monastère au milieu d'une campagne. Un pèlerin en voyage s'est assis sur l'herbe pour les contempler.

Aq. — Pay. et Arch. — 9 — 9 = 7 — 3.

M. RIGOIS.

249. *Meyringenn.*

Vue prise à Meyringenn (Oberland Bernois). On aperçoit dans le lointain le commencement du lac de Brienzer.

Sur le devant à droite , un chalet devant lequel sont réunis divers accessoires rustiques. Un chemin montueux bordé d'une haie et ombragé par un arbre touffu est parcouru par une femme et un enfant; l'eau qui s'échappe d'une rigole va baigner les premiers plans. Une chaine de montagnes d'où s'échappe une chute d'eau voile une partie de la ligne horizontale.

Tab. — *Pay.* — *T.* — 15 = 20 — 6.

250. *Moulin du Dauphiné.*

Une petite rivière dont la source part des montagnes qui dominent l'horizon, passe entre deux habitations réunies par un pont et fait tourner la roue d'un moulin à eau construit dans une vallée riante et sur la lisière d'un petit bois. Une villageoise parcourt le pont; une autre lave du linge dans une auge, et une petite fille jette une pierre à un chien qui s'élance dans l'eau.

Tab. — *Pay.* — *T.* — 15 = 20 — 6.

251. *Le Puits.*

Ruines d'église sur un monticule, non loin d'un puits à manivelle auquel une femme est venue prendre de l'eau. Une étendue de pays se découvre vers la gauche sous un ciel pluvieux.

Tab. — *Pay.* — *T.* — 12 = 15.

M. RONMY.

252. *Honfleur.*

Vue de la chapelle de Notre-Dame-de-Grâce à Honfleur, près d'une verte pelouse plantée d'arbres et où paissent des vaches.

Tab. — Pay. — T. — 8 — 6 = 11 — 6.

Mlle. S^t.-HILAIRE.

253. *Les Peupliers.*

Vue prise d'après nature à Chantilly, département de l'Oise; une rivière coule au milieu d'un parc et se répand sur le premier plan après avoir passé sous un petit pont d'une arche en pierre. De hauts peupliers portent ombrage au site boisé sur tous les points.

Tab. — Pay. — T. — 17 = 22 — 6.

SAINT-MARTIN (Pau).

254. *Le Laboureur.*

Intérieur d'une écurie. Dès l'aube du jour, le laboureur vient de descendre de sa soupente encore éclairée par une lanterne, pour disposer ses deux chevaux à la charrue. Une chèvre blanche s'y repose; deux poules y cherchent leur nourriture, et divers ustensiles rustiques terminent cette composition remarquable par la vérité et la variété des détails.

Tab. — Arch. et Fig. — T. — 18 — 6 = 22 — 6.

255. *Les Arbres.*

Etude en pleine forêt, ornée de figures diverses placées çà et
là au pied des arbres.

Tab. — Pay. — T. — 21 — 6 = 16 — 6.

M. SALATHÉ.

256. *La Plaine.*

Vue d'une plaine aride traversée par un chemin à peine
indiqué et qui serpente au lointain. On y remarque les ruines
d'un ancien monument dont l'ensemble ne forme plus qu'une
espèce de piédestal ; un paysan indique une route à un voyageur à cheval.

Sep. — Pay. — 7 — 3 = 10 — 6.

M. SCHAAL.

257. *Les Chevreaux.*

Sur un tertre de gazon planté de trois gros arbres, et devant
une chaumière, une villageoise assise sur l'herbe, sourit à son
enfant couché sur une chèvre blanche mère de deux petits che-
vreaux.

Tab. — Pay. — T. — 9 = 12.

M. SÉBRON.

258. *Eglise de Village.*

Intérieur d'une église de campagne. Une jeune fille assise
sur un banc y attend l'heure du cathéchisme.

Tab. — Arch. — T. — 16 — 6 = 13.

259. *Eglise de Montmartre.*

Intérieur de l'église de Montmartre près Paris, prise de l'entrée du bas côté latéral de droite , conduisant à la chapelle de la Vierge; une donneuse d'eau bénite , assise sur un banc et les pieds sur une chauffrette, attend les fidèles. Plus loin , une femme est en prières.

$$Tab. - Arch. - T. - 22 = 18.$$

M. SIMÉON-FORT.

260. *La Tour du Lac.*

Ruines d'une vieille tour sur le bord d'un lac. Une jeune dame voilée conduite par deux voyageurs y gravit un monticule.

$$Aq. - Pay. - 8 - 9 = 7 - 6.$$

261. *Le Moine.*

Assis à la porte d'un ermitage couvert de chaume et de végétation. Un religieux dit son chapelet; tandis que deux villageois se dirigent vers lui.

$$Aq. - Pay. - 7 = 9 - 6.$$

262. *La Halte.*

Halte de deux soldats au pied d'un chêne et sur le bord d'une rivière. A gauche , au haut d'une colline s'élève un château nouvellement bâti.

$$Aq. - Pay. - 7 - 3 = 9 - 6.$$

M. SWAGERS (Père).

263. *Le Pont Rustique.*

Issue de bois sur une rivière traversée par un pont de planches sur lequel passe une villageoise chargée de deux paquets de linge. Un batelier amarre une barque en face d'une habitation.

Tab. — Pay. — T. — 8 = 10.

264. *La Porteuse d'Eau.*

Trois vaches paissent dans une prairie sur le bord d'un bras de rivière. Une jeune fille chargée de deux seaux d'eau s'y achemine précédée d'un chien.

Tab. — Pay. — T. — 8 = 10.

SWÉBACH (Père).

265. *Les Officiers.*

Halte d'officiers de différentes armes et de leurs chevaux à un abreuvoir alimenté par les eaux d'un aqueduc. Une villageoise accompagnée de son enfant, y vient emplir sa cruche ; à droite au lointain, un régiment de chasseurs à cheval se répand dans la campagne.

Tab. — Pay et Fig. — T. — 9 = 12.

M. SWÉBACH (Édouard).

266. *Le Postillon.*

Entrée d'un village où plusieurs villageois, filles de ferme et voyageurs sont arrêtés. Un postillon fait halte devant un bouchon pour s'y rafraîchir ; il tend la main pour recevoir un verre de vin que lui prépare une servante. Au-dessus de la brèche d'un mur, on découvre la campagne au-delà d'un côteau.

Tab. — Pay et Fig. — T. — 9 — 9 = 13.

·❦·

M. THIÉNON.

267. *Paysage Historique.*

Non loin d'une fontaine ombragée par un massif d'arbres formant arcade, un couple vêtu à l'antique tresse des guirlandes de fleurs champêtres. Des chèvres broûtent à quelque distance et l'eau de la fontaine se répand en sinuosités jusques sur le premier plan ; une étendue de pays se perd vers la droite jusqu'à l'horizon borné par des montagnes.

Tab. — Pay. — T. — 27 = 34.

M. THIERRIAT.

268. *Les Narcisses.*

Branches de narcisses mariées à un groupe de fleurettes.

Aq. — 8 — 3 = 6 — 6.

269. *Un Portrait.*

Portrait de P. Corteys, peintre espagnol ; il est appuyé sur une balustrade et tient ses gants à sa main.

Aq. — Fig. — 7 — 6 = 5 — 9.

TRUCHOT.

270. *Asile Religieux.*

Ruines d'un monument religieux au milieu d'une forêt, et

servant d'asile à des chevaliers de l'ordre teutonique. L'un d'eux, l'épée à la main, veille à la porte.

Tab. — Arch. et Pay. — T. — 12 = 9.

— • 𝔘 • —

M. ULRICH.

271. *Le Calme plat.*

Halte de marins sur les côtes d'Angleterre. Ils entourent un feu qu'ils ont allumé près d'un rocher. Plusieurs barques mâtées voguent sur une mer calme.

Tab. — Mar. — T. — 10 — 6 = 13 — 6.

272. *Les Barques.*

Plusieurs barques de pêcheurs au radoub sur une plage sablonneuse.

Tab. — Mar. — T. — 12 = 17.

273. *Le Grain.*

Une barque de pêcheurs, surprise en mer par un grain, est sur le point de se briser contre un écueil non loin de la côte.

Tab. — Mar. — T. — 10 = 13.

274. *Le Chargement.*

Des barques de pêcheurs, à sec sur une plage au bord de la mer, reçoivent une charge de morue que des marins y mettent.

Tab. — Mar. — T. — 10 = 15.

275. *La Croix de bois.*

Ruines d'une vieille église de village sur le bord d'une rivière et près d'une croix rustique en bois. Une villageoise s'y
est arrêtée avec un jeune enfant.

Aq. — Pay. — 6 — 8 = 9 — 4.

— • 𝔙 • —

M. VALIN.

276. *Une Bacchante.*

Buste d'une bacchante, vêtue d'une peau de tigre et couronnée de pampre.

Tab. — Fig. — T. — 17 = 14.

277. *Érigone.*

Érigone couronnée de raisins et pressant la grappe.

Tab. — Fig. — T. — 24 = 20.

M. VANDENBERGHE (A.).

278. *Les Voleurs.*

Pendant le sommeil d'une jeune femme couchée dans son
lit, et à la lueur d'une lampe de nuit, mariée à la clarté de
la lune, des voleurs masqués s'introduisent, à l'aide d'une
échelle, dans son appartement, et en emportent des objets
précieux.

Tab. — Fig. — T. — 12 = 15.

279. *Les Regrets.*

Achille exale ses regrets devant l'urne cinéraire qui renferme les cendres de Patrocle.

Tab. — Fig. — T. — 15 = 12.

VAN-MARCK.

280. *L'Écluse.*

Paysage coupé par une rivière dont les eaux sont partagées et retenues par l'écluse d'un moulin à eau.

Sep. — Pay. — 5 = 7.

VAN-SPAËNDONCK (Genre de).

281. *Les Pêches.*

Groupe de fleurs dans un vase près de deux pêches. Étude non terminée et où le vase n'est qu'indiqué.

Aq. — 12 = 9 — 9.

M. VAN-STRY.

282. *Les Lointains.*

Prairie, bornée à l'horizon par de jolis lointains, arrosés par une rivière. Un bœuf, deux vaches et quelques moutons y reposent.

Tab. — Fig. d'an. — B. — 12 — 6 = 15 — 3.

M. VERNET (Horace).

283. *Le Fanal.*

Vue de Dieppe, prise du fanal. Une sentinelle y veille;

deux marins y sont en observation, non loin d'une pièce de siège braquée sur un monticule. Le ciel est orageux.

Tab. — Pay. et Mar. — T. — 14 = 21.

M. VERNET-LAUZET.

284. *La Campagne.*

Campagne riante aux environs de Paris; elle est arrosée par une rivière guéable sur laquelle est un petit pont de pierre que passent des vaches qui retournent à l'étable. A droite est une chaumière ombragée par un massif d'arbres, de jolis lointains s'étendent jusqu'à l'horizon.

Tab. — Pay. — T. — 12 — 6 = 16 — 6.

285. *Moulin du Gué.*

Des bestiaux guidés par une paysanne à cheval passent une rivière à gué pour gagner les pâturages boisés qu'on aperçoit au loin. A gauche le bâtiment d'un moulin à eau, ombragé par un massif d'arbres, et sur lequel on arrive par un pont de bois jeté sur des pierres et garni d'un garde-fou rustique.

Tab. — Pay. — T. — 12 = 17.

VERPOOT.

286. *Les Trois Moutons.*

Trois beaux moutons couchés dans une prairie et gardés par un pâtre.

Tab. — Fig. d'An. — T. — 27 = 22.

M. VIDAL.

287. *L'œillet Double.*

Une branche d'œillets doubles accompagnée de fleurettes bleues. *Aq. — 11 = 8 — 3.*

288. *La Corbeille.*

Fleurs diverses réunies dans une corbeille d'osier placée sur une table de marbre. Un papillon vient s'y reposer.

$$Aq. - 9 - 3 = 7 - 9.$$

289. *La Tulipe.*

Groupe de fleurs où domine la tulipe.

$$Aq. - 8 - 9 = 6.$$

290. *La Giroflée.*

Un bouquet de fleurs où domine la giroflée.

$$Aq. - 7 - 9 = 5 - 10.$$

291. *La Rose Jaune.*

Fleurettes, rose jaune et branches d'arbres en fleurs.

$$Aq. - 8 = 5 - 9.$$

M. VIGNERON.

292. *L'Enfant trouvé.*

Au milieu de sa ronde de nuit, un chiffonnier trouve un jeune enfant nu et couché sur la paille au coin d'une borne. Aussitôt il dépose sa lanterne, son crochet et sa hotte, s'agenouille auprès de la petite créature et ôte sa veste pour l'en couvrir.

$$Tab. - Fig. - T. - 15 = 12.$$

M. VILLENEUVE.

293. *Vue d'Agrigente.*

Vue du tombeau de Théron à Agrigente ; ce monument antique sert de chapelle aux religieux de Saint-François. On aperçoit dans l'éloignement le temple de la Concorde.

Tab. — Pay. — T. — 11 = 16.

294. *La Croix de l'Arche.*

Vue de Suisse. Un ruisseau limpide coule sous un pont décoré d'une croix de pierre, et environné de chalets ; une villageoise y lave du linge.

Sép. — Pay. — 9 = 11 — 1.

M. VOLMAR.

295. *Les Deux Chevaux.*

Deux chevaux de tirage sur les bords de la Seine ; ils servent à la conduite d'un coche.

(Etude d'après nature).

Tab. — Fig. — T. — 9 = 12.

—.𝖂.—

M. WACHSMUT.

296. *Le Ramoneur.*

Il est adossé à une muraille, son bonnet à la main, et demande aux passans le *petit sou* d'usage.

Tab. — Fig. — T. — 20 = 17.

M. WATELET.

297. *Fontaine Isolée*.

Au milieu d'un site boisé au travers duquel on aperçoit un lac et des montagnes, s'élève une petite fontaine isolée sous un couvert d'arbres. Une jeune fille qui y était venue laver du linge, s'en éloigne avec son paquet sur la tête ; un voyageur converse sur le premier plan avec une paysanne, qui lui indique sa route, tandis qu'un petit pâtre assis sur une ruine garde des moutons et des chèvres.

Tab. — *Pay.* — *T.* — 9 = 12.

M. WATELET (École de).

298. *Riche Vallée*.

Joli paysage, riche en végétation ; il offre une vallée arrosée par une rivière alimentée par une chute d'eau vue dans l'éloignement au-dessous d'un grand aquéduc situé sur une éminence. Un chemin sablonneux qui borde les montagnes à gauche aboutit sur le bord de l'eau ; quelques figures le parcourent.

Fixé C. — *Pay.* — 3 = 3 — 9.

Appendice.

NOTA. Plusieurs acquisitions nouvelles, que j'ai faites durant l'impression du présent Catalogue, ont nécessité la description supplémentaire ci-après.

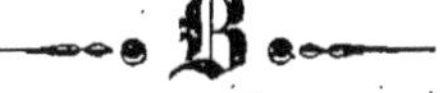

M. BURTEL.

299. *Une Fabrique.*

Site d'Italie, orné de jolis lointains, boisé sur divers plans et baigné sur le premier par une rivière coulant au bord d'une petite fabrique. Un paysan et sa femme conversent sur un sentier sablonneux, à l'ombre d'un arbre isolé sur le penchant d'un côteau.

Fixé C. — Pay. — 4 — 8 = 7.

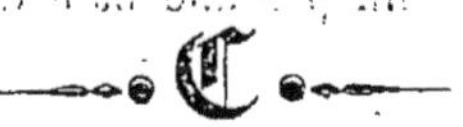

M. CAISAC.

300. *Ruines du Château.*

Restes d'un château gothique, ayant issue sur la campagne. Une petite bonne y a conduit ses deux enfans qu'elle y promène et qui y jouent.

Aq. — Arch. — 11 — 8 = 8 — 9.

M. CANELLA.

3o1. *L'Arbre aux Roches.*

Site agreste couvert de végétation et jonché de roches, au milieu desquelles un chêne a pris racine.

Sep. — Pay. — 5 — 2 = 7 — 3.

CHAMPAIGNE (Ph.).

3o2, *Le Notable.*

Tête de vieillard vêtu de noir, portant des cheveux blancs et un rabat brodé.

Tab. — Fig. — T. — 21 — 6 = 18.

M. CICÉRI.

3o3. *Les Roseaux.*

Une petite rivière bordée de roseaux et environnée d'habitations villageoises attenant à un pont, longe un petit chemin rural séparé d'un jardin par une haie d'aubépine où l'on a étendu du linge.

Aq. — Pay. — 6 — 1 = 8 — 2.

M. COUDER.

3o4. *Tête d'Expression.*

Buste d'une jeune femme les yeux élevés au ciel. Dans l'attitude du repentir, elle cherche un refuge dans la bonté céleste.

Tab. — Fig. — T. — 20 = 17.

D

M. DUBUFE.

305. *L'Incendie.*

A la vue d'un incendie qui se manifeste dans la maison qu'elle occupe, une femme en désordre quitte son lit, et fuit épouvantée, emportant avec elle sa plus précieuse richesse, son enfant.

Tab. — Fig. — T. — 17 = 14.

F.

M. FRAGONARD.

306. *Don-Quichotte.*

Le héros de la Manche, enfermé dans sa chambre, s'est plongé dans la lecture des romans de chevalerie. Enthousiasmé d'un passage qui lui retrace les hauts faits d'Amadis de Gaule, il a saisi son épée et est prêt de quitter sa lecture pour aller pourfendre un géant.

Tab. — Fig. — T. — 17 = 14.

G

M. GASSIES.

307. *Vue de Dieppe.*

Vue des falaises de Dieppe. Des matelots amarrent une barque à la côte à l'aide de cordages qu'ils tirent à eux.

Tab. — Mar. — T. — 12 — 6 = 18.

M. GODEFROY.

308. *La Diligence.*

Effet de pluie sur un paysage orné de deux maisonnettes et coupé par une route où passe une diligence.

$$Aq. - Pay. - 4 - 8 = 7 - 5.$$

309. *La Digue.*

Un torrent qui a rompu sa digue se précipite sur le premier plan, entre un monticule boisé et quelques constructions rustiques; un pêcheur y jette une ligne.

$$Sep. - Pay. - 4 - 1 = 6 - 4.$$

M. GRENIER.

310. *La Laitière.*

Une laitière des environs de Cherbourg, accompagnée d'un enfant, et portant son pot sur l'épaule, s'arrête devant un vieillard assis qui lui adresse la parole. Un jeune paysan vu à mi-corps, au-dessus d'un mur de clôture, prend part à la conversation.

$$Tab. - Fig. - T. - 10 = 13.$$

M. GUDIN.

311. *Village Maritime.*

Effet de soleil couchant sur un village au bord de la mer; des gens du port y cherchent des coquillages; d'autres retournent à leur habitation; d'autres enfin dans une barque et sur des hauteurs contemplent l'astre du jour prêt de disparaître dans l'horizon.

Tab. — Mar. — T. — 9 — 3 = 15 — 3.

312. *Fin d'une Tempête.*

Un bâtiment battu par une tempête violente et privé d'une partie de ses agrès vient échouer à la côte.

Tab. — Mar. — T. — 17 = 25.

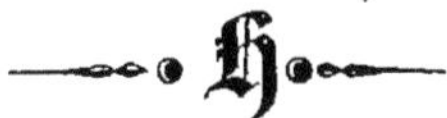

M. HUGUET.

313. *Maison Blanche.*

Une maison baignée par une mare s'élève sur un chemin montueux qui paraît conduire dans une plaine au lointain ; un bouquet d'arbres ombrage la toiture vis-à-vis d'un tertre surmonté d'une haie d'échalas.

Sep. — Pay. — 6 — 10 = 8 — 10.

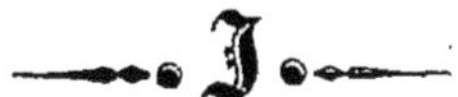

M. ISABEY (Eugène).

314. *La Côte.*

Au bas d'une côte et sur le bord de la mer, des pêcheurs réunis près de quelques barques à sec sur le rivage, s'occupent du raccommodage de leurs filets qu'ils ont étendus en forme de haie. On distingue au lointain quelques bâtimens à pleines voiles.

Aq. — *Mar.* — 6 — 5 = 8 — 11.

M. JUSTIN.

315. *Verberie.*

Entrée du village de Verberie, département de l'Oise, du côté de la montagne. Site villageois orné de figures diverses.

Sep. — *Pay.* — 5 — 9 = 7 — 3.

316. *L'Abbaye du Val.*

Vue de l'abbaye du Val, prise près de Villiers-Adam ; elle est située sur une éminence au milieu d'un site boisé. Deux religieux y montent.

Sep. — *Arch. et Pay.* — 5 — 9 = 8 — 3.

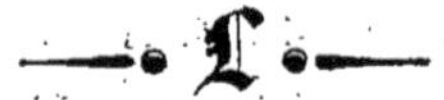

M. LECOEUR.

317. *Maleck-Adhel.*

Intérieur d'un salon où le peintre a placé Mathilde et Maleck-Adhel. Le héros sarrazin soutient son amante, qui paraît sensible à ses propos séducteurs.

Tab. — *Fig.* — *T.* — 12 = 9.

LEPRINCE (Xavier).

318. *Le Bac.*

Au bord d'un chemin longeant le mur d'un parc, et vis-à-vis

d'une petite porte bâtarde où se sont arrêtés un villageois à
cheval et une paysanne gardant une vache , un bac, chargé de
personnes et d'animaux, se dispose à quitter la rive. De jolis
lointains boisés terminent ce tableau qui est une imitation libre
de M. Demarne.

Tab. — Pay. — T. — 9 = 12.

❦ M ❦

M. MONTVIGNIER.

319. *Le Pont en Ruines.*

Ruines d'un pont d'une arche, communiquant d'une masse
de roches à un chalet isolé ombragé par des arbres ; une rivière, qui part du lointain, passe sous ce pont et vient baigner le
premier plan en y formant une cascade naturelle.

Sep. — Pay. — 7 — 7 = 9 — 11.

M. MOZIN.

320. *Granville.*

Vue d'une campagne aux environs de Granville , département du Calvados ; trois vaches guidées par un vieux pâtre en
blouse passent un gué. Plus loin deux femmes causent sur un
monticule.

Tab. — Pay. — T. — 7 — 6 = 10 — 6.

321. *Mer Houleuse.*

Étendue de mer houleuse et couverte de barques qui re-
viennent de la pêche aux moules.

Tab. — Mar. — T. — 24 = 40.

(86)

322. *Vue de Touques.*

La petite rivière de Touques, dans le département du Calvados, poursuit son cours au milieu d'une campagne agréable ; elle porte quelques bateaux pêcheurs voguant sur divers points. A gauche, s'élève une vieille chaumière devant
laquelle on a étendu du linge ; plus près, un petit terrain
couvert de canards et de poules ; au-delà de la rivière et sur
un plan plus éloigné vers la droite, commence une prairie
occupée par des bestiaux.

Tab. — Pay. et Mar. — T. — 19 = 27.

323. *Marée Basse.*

Vue de la plage du Trouville durant la basse mer ; des dé-
bris de barques, des chevaux de tirage, et des matelots occupent divers plans. Effet de soleil couchant.

Tab. — Mar. — T. — 9 = 13.

324. *Barques au Radoub.*

Scène maritime prise à Honfleur, en vue d'habitations rustiques bâties sur une plage. Une quantité de barques à sec sur
le rivage y sont en réparation ; des ouvriers, des matelots, des
pêcheurs, des femmes et des enfans, groupés diversement, tra-
vaillent, jasent, se reposent et jouent.

Tab. — Pay. — T. — 13 — 6 = 20.

325. *Trouville.*

Vue des environs de Trouville d'où l'on distingue la belle
côte de ce nom. Un bras de mer, couvert de barques de pêcheurs portant voiles déployées, occupe la plus grande partie
du site qui forme marine et paysage.

Tab. — Mar. et Pay. — T. — 11 = 15.

326. *Le Retour de la Pêche.*

Une construction maritime, flanquée de deux rochers, garnit une plage au bord de la mer. On y arrive par un escalier rapide que franchit un matelot. On charge une voiture du contenu de quelques barques de pêcheurs amarrées ; d'autres voguent au lointain.

Aq. — Mar. — 6 — 6 = 8 — 9.

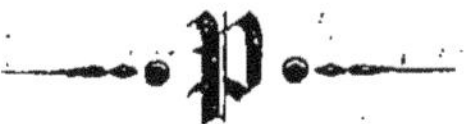

M. PINGRET.

327. *La Mère Malade.*

Intérieur d'une mansarde, où la veuve d'un officier décoré dont on voit le portrait, relève d'une longue et douloureuse maladie, et est en convalescence ; elle reçoit la visite d'une sœur de la charité qui lui apporte des provisions ; à cette vue, la plus jeune des deux filles de la malade se précipite à genoux devant la sœur et lui baise les mains, tandis que l'aînée près de sa mère joint les siennes en signe d'action de grâce.

Tab. — Fig. — T. — 18 = 22.

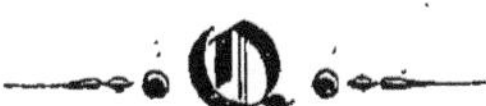

M. QUINART.

328. *Site Historique.*

Joli paysage d'un aspect pittoresque et désert, orné d'une

chute d'eau et pris dans la région du Nord. L'artiste y a re-
tracé une scène des Scandinaves.

Fixé C. — Pay. — 5 — 5 $=$ 7 — 3.

329. *Soleil Couchant.*

Site historique, pendant du précédent où le peintre a rappelé
le sujet d'Herminie chez les bergers.

Fixé C. — Pay. — 5 — 5 $=$ 7 — 3.

330. *Une Route.*

Grande route entre un bois et une prairie qu'elle longe du
premier plan au lointain; quelques figures la parcourent. Effet
de matin.

Fixé C. — Pay. — 3 — 7 $=$ 5 — 5.

331. *Le Coteau Boisé.*

Un petit chemin tortueux qui prend du premier plan,
entre un ruisseau et une colline boisée, conduit dans une
plaine que quittent des bestiaux. Effet de soleil couchant.

Fixé C. — Pay. — 3 — 7 $=$ 5 — 5.

— **R** —

M. RAUCH (Charles).

332. *La Petite Bonne.*

Dans une petite cour attenant à un jardin, est un puits
adossé à une maison dont l'encoignure est décorée de la statue
de la Vierge. Une auge pleine règne au-dessous d'une croisée
ornée d'un pot de fleurs. Une petite servante, qui était venue
prendre de l'eau dans un vase, satisfait au désir d'un jeune
enfant en lui présentant à boire.

Aq. — Fig. et Pay. — 8 $=$ 6 — 10.

Miniatures.

ANONYME.

333. *L'Officier Anglais.*

Portrait d'un officier supérieur anglais.

Aq. Ov. — Fig. — 5 — 3 = 3 — 9.

334. *L'Age Mûr.*

Portrait d'un homme d'un âge mûr, portant un habit noir, gilet et cravate blanche.

Aq. Ov. — Fig. — 5 — 3 = 3 — 9.

335. *La Parisienne.*

Jeune dame appuyée sur un coussin de velours, supportant sa tête avec la main droite. Elle est coiffée d'un turban rouge et jaune, et vêtue d'une robe de satin blanc ; une pèlerine en fourrure couvre ses épaules.
(D'après M. Dubufe).

Min. — Fig. — 6 — 9 = 5 — 8.

M. AUBRY.

336. *Le Roman.*

Une jeune dame assise dans un fauteuil et parée d'un galant négligé lit un roman.

Min. — Fig. — 4 — 3 = 3 — 2.

337. *Le Travail.*

Jeune personne vue à mi-corps et de profil; elle est assise devant une console chargée d'un bouquet de roses, et travaille à une écharpe.

Min. — Fig. — 4 — 3 = 3 — 2.

M. AUGUSTIN.

338. *L'Habit Marron.*

Portrait d'homme à coiffure poudrée, et vêtu d'un habit marron à l'ancienne mode.

Min. R. — Fig. — Diam. — 2 — 6.

M. AUGUSTIN (D'après).

339. *La Petite Fille.*

Portrait d'enfant à chevelure blonde et yeux bleus.

Min. R. — Fig. — Diam. — 3.

M. BELL.

340. *Le Turban.*

Portrait de femme, richement vêtue et coiffée d'un turban ponceau.

Aq. Ov. — Fig. — 4 — 6 = 3 — 6.

341. *Le Bonnet galant.*

Portrait de femme vêtue de blanc, et coiffée d'un joli bonnet de tulle orné de deux roses.

Aq. Ov. — Fig. — 4 — 5 = 3 — 4.

342. *Le Corset Bleu.*

Portrait de femme vêtue de blanc avec corsage bleu, coiffure en cheveux ornée de fleurs, dites *ne m'oubliez pas.*

$$Aq. \ Ov. \ — Fig. \ — 4 — 6 = 3 — 6.$$

343. *Les Roses.*

Portrait d'une jeune dame vêtue de blanc et portant des roses dans ses cheveux et sur sa robe.

$$Aq. \ Ov. \ — Fig. \ — 4 — 6 = 3 — 6.$$

M. BLAIZE.

344. *Le Magister.*

Portrait d'homme vêtu de noir et à chevelure longue.

$$Aq. \ Ov. \ — Fig. \ — 5 = 3 — 6.$$

345. *Un Jeune Homme.*

Portrait d'un jeune élégant.

$$Aq. \ Ov. \ — Fig. \ — 5 = 3 — 8.$$

346. *La Couronne de Fleurs.*

Tête de femme couronnée de fleurs. Aquarelle presque terminée, quant à la figure, mais dont il reste le costume à faire.

$$Aq. \ Ov. \ — Fig. \ — 6 — 4 = 4 — 9.$$

M. GOMIEN (D'après M. Isabey).

347. *Les Yeux Bleus.*

Portrait de femme dans un joli négligé, garni de roses artificielles.

Min. Ov. — Fig. — 3 — 6 = 2 — 10.

GREUSE (D'après).

348. *Le Philosophe.*

Portrait d'homme en cheveux blancs, et coiffé d'un bonnet de velours.

Min. C. — Fig. — 5 = 3 — 10.

M. HESSE.

349. *Le Légionnaire.*

Portrait d'homme décoré.

Sep. Ov. — Fig. — 7 — 3 = 5 — 6.

M. J. ISABEY.

350. *La Dame d'Honneur.*

Portrait en pied d'une femme de la cour, ancien costume.

Aq. — Fig. — 8 = 5 — 3.

351. *La Princesse.*

Portrait d'une princesse allemande. Vêtement blanc garni de rubans bleus.

Aq. Ov. — Fig. — 5 — 2 = 3 — 10.

M. MANSION.

352. *L'Oiseau de Paradis.*

Portrait de femme, vêtue d'une robe de velours cramoisi, et coiffée d'une turban orné d'une aigrette dit *oiseau de paradis.*

Min. Ov. — Fig. — 5 — 7 = 4 — 2.

353. *La Bacchante.*

Jeune prêtresse de Bacchus, couronnée de pampre et couverte d'une peau de tigre.

Min. Ov. — Fig. — 5 — 3 = 4.

354. *Le Petit Bonnet.*

Jeune dame coiffée d'un petit bonnet galant orné de fleurs, et portant un canezou violet sur une robe blanche.

Min. Ov. — Fig. — 5 — 3 = 4.

355. *Chapeau de Velours.*

Portrait de femme coiffée d'un chapeau de velours blanc orné de plumes, et vêtue d'une robe de satin blanc.

Min. Ov. — Fig. — 5 — 3 = 4.

356. *La Guirlande.*

Portrait d'une jeune demoiselle vêtue d'une robe bleue garnie de dentelles, et portant une collerette terminée par un nœud de satin. Une guirlande de fleurs bleues orne sa chevelure.

Min. Ov. — Fig. — 5 — 3 = 4.

357. *Le Général.*

Portrait du général La Salle en costume militaire.

Min. Ov. — Fig. — 5 — 2 = 3 — 10.

358. *La Blonde.*

Jeune demoiselle vêtue d'une robe blanche à la vierge, et portant une chevelure blonde.

Min. Ov. — Fig. — 5 — 5 = 3 — 10.

359. *Un Musulman.*

Tête d'un Musulman coiffé d'un turban de cachemire, avec longue barbe.

Min. Octogone. — Fig. — 5 — 9 = 4 — 4.

360. *La Croix de St.-Louis*

Tête d'un vieillard, décoré de l'ordre royal et militaire de St.-Louis.

Min. Ov. — Fig. — 4 — 2 = 3 — 3.

361. *Casa-Mayor.*

Portrait d'homme en habit et cheveux longs bouclés.

Min. Ov. — Fig. — 5 — 3 = 4.

362. *Rubens.*

Portrait de Rubens, avec cheveux plats, barbe et moustaches blondes. (*Ebauche non terminée quant au buste*).

$$Min.\ Ov. - Fig. - 5 = 4.$$

363. *La Croix d'Espagne.*

Portrait d'homme, décoré d'un ordre espagnol, et portant des moustaches.

$$Min.\ Ov. - Fig. - 5 = 3 - 11.$$

364. *Le Duc d'Orléans.*

Portrait de S. A. R. Monseigneur le Duc d'Orléans.

$$Min.\ Ov. - Fig. - 3 = 2 - 4.$$

365. *Le Canezou Jaune.*

Portrait d'une jeune dame en cheveux, portant un canezou jaune garni de blonde. (*Ebauche très-avancée*).

$$Min.\ Ov. - Fig. - 5 - 3 = 4.$$

366. *Le Colonel.*

Portrait d'homme, portant l'uniforme de colonel, et décoré de l'étoile de la Légion-d'Honneur.

$$Min.\ Ov. - Fig. - 5 = 3 - 8.$$

367. *La Fourrure.*

Portrait d'homme, vêtu d'une redingote garnie de fourrure, cravate négligée.

$$Min.\ Ov. - Fig. - 5 - 2 = 3 - 10.$$

368. *La Druide*.

Portrait de femme druide, couronnée de feuillage. (*Ebauche*).

Min. C. —Fig. — 4 — 4 = 3 — 5.

369. *La Flèche*.

Tête de femme avec une flèche dans la chevelure. (*Ebauche*).

Min. Ov. — Fig. — 3 — 11 = 3 — 4.

370. *Le Vieillard*.

Une tête de vieillard. (*Ebauche d'après Greuze*).

Min. Ov. — Fig. — 3 — 9 = 3 — 1.

371. *L'Enfant*.

Portrait d'un jeune enfant. (*Ebauche d'après Greuze*).

Min. Ov. — Fig. — 3 — 9 = 3.

372. *Cheveux Bouclés*.

Portrait d'homme. (*Ebauche d'après Vandick*).

Min. Ov. — Fig. — 2 — 10 = 2 — 2.

373. *Madame Lavallière*.

Portrait de madame de Lavallière. (*Ebauche*).

Min. Ov. — Fig. — 4 — 1 = 3 — 5.

374. *La Blonde*.

Portrait de femme légèrement ébauché, et dont les accessoires ne sont qu'indiqués.

Min. Ov. — Fig. — 5 — 3 = 3 — 10.

375. *Les Cheveux Longs.*

Portrait d'un jeune garçon à chevelure blonde et longue.
(*Ebauche non terminée quant au vêtement*).

Min. Ov. — Fig. — 3 = 3 — 2 — 6.

376. *Le Chapeau de Paille.*

Portrait de femme vêtue de blanc, avec écharpe de couleu
et coiffée d'un chapeau de paille. (*Ebauche*).

Aq. Ov. — Fig. — 5 — 4 = 3 — 11.

377. *La Robe Bleue.*

Portrait d'une jeune blonde, vêtue d'une robe bleue.

Aq. Ov. — Fig. — 5 — 3 = 4.

378. *La Blouse.*

Portrait de femme en cheveux avec voile blanc et vêtue
d'une blouse verte.

Aq. Ov. — Fig. — 5 — 2 = 3 — 8.

379. *Le Sautoir.*

Portrait de femme avec sautoir blanc sur une robe jaune.

Aq. Ov. — Fig. — 5 = 3 — 8.

380. *Les Plumes Rouges.*

Portrait de femme à la sortie d'un bal; elle est couverte
d'un manteau et coiffée d'un chapeau blanc garni de plumes
rouges.

Aq. Ov. — Fig. — 5 — 2 = 3 — 9.

381. *Le Voile.*

Portrait de femme, vêtue d'une robe bleue, avec voile dans la chevelure.

Aq. Ov. — Fig. — 5 — 3 = 3 — 8.

382. *L'Echarpe.*

Portrait de femme coiffée en cheveux ornés de fleurs, et vêtue de blanc avec écharpe.

Aq. Ov. — Fig. — 5 — 2 = 3 — 8.

383. *La Robe de Bal.*

Portrait de femme en toilette de bal, et coiffée d'un turban rose et blanc.

Aq. Ov. — Fig. — 5 = 3 — 6.

384. *La Brune.*

Portrait de femme brune vêtue de blanc, et coiffée d'un chapeau de paille. Aquarelle non terminée.

Aq. Ov. — Fig. — 5 = 3 — 7.

MUNERET.

385. *L'Habit Bleu.*

Portrait de M. Corbet, ami de l'artiste.

Min. Ov. — Fig. — 7 = 5 — 8.

386. *L'Habit Vert.*

Portrait d'homme à moustaches, habit vert et cravate noire.

Aq. Ov. — Fig. = 4 — 2 = 3 — 2.

387. *Le Négligé.*

Portrait de femme vêtue d'un négligé galant orné de rubans roses; un voile flotte sur sa tête.

Aq. Ov. — Fig. — 5 — 9 = 4 — 3.

388. *Napoléon.*

Portrait de l'empereur Napoléon en costume militaire. (*Original qui a servi de modèle pour la gravure si connue d'après cet artiste*).

Aq. Ov. — Fig. — 4 — 3 = 3.

389. *La Titus.*

Portrait de femme, coiffée-à la titus avec bras. (*Aquarelle très-avancée.*)

Aq. — Fig. — 5 — 8 = 4 — 8.

M. SAINT.

390. *La Mante.*

Tête de femme d'un âge mûr, coiffée à la titus et vêtue d'une mante fourrée.

Min. Ov. — Fig. — 3 = 2 — 5.

M. TROIVAUX.

391. *Estelle.*

Portrait d'une jeune demoiselle coiffée en cheveux et vêtue de blanc, avec écharpe en sautoir. (*Ebauche très-avancée*).

Min. Ov. — Fig. — 5 — 1 = 3 — 11.

392. *La Tartine.*

Jeune enfant le coude appuyé sur une table devant une tar-
tine de pain , sur laquelle est une pomme.

Min. — Fig. — 4 — 3 = 3 — 4.

393. *La Pelisse.*

Portrait de femme , vêtue d'une robe de velours violet , re-
couverte d'une pelisse ornée de fourrure.

Min. Ov. — Fig. — 5 — 3 = 4.

394. *Psyché.*

Psyche ent'rouvrant la boîte de Pandore. (*Ebauche d'après*
M. Dubufe.)

Min. — Fig. — 3 — 6 = 2 — 9.

395. *L'Archi-Duchesse.*

Portrait de Marie Louise. (*D'après M. Isabey*).

Aq. Ov. — Fig. — 5 — 3 = 4.

FIN.

ERRATA.

Nos.	Pag.	Lignes	*Au lieu de :*	*Lisez :*
18,	13,	2,	assis,	assise.
52,	21,	6,	flanquée,	flanqué.
67,	24,	5,	T,	B.
207,	56,	4,	»	ajouter : (D'après Delaroche).
249,	66,	4,	à droite,	à gauche.
258,	68,	1,	Sesbron,	Sébron.
172,	72,	4,	12 = 17,	10 = 15.
294,	77,	2,	sur un pont,	sous un pont.